Jörg Wenngatz

Zur Geschichte des Deutschen Ordens

Jörg Wenngatz

Zur Geschichte des Deutschen Ordens

Von seiner Gründung bis zur Etablierung in Preußen

Besuchen Sie uns im Internet unter
→ www.vdg-weimar.de

VDG Weimar startete 2000 den täglichen
Informationsdienst für Kunsthistoriker
→ www.portalkunstgeschichte.de

Gestaltung & Satz: Lydia Krüger, VDG
Druck: VDG-Weimar

ISBN 978-3-89739-714-9

Bibliografische Information der Deutschen Nationalbibliothek
Die Deutsche Nationalbibliothek verzeichnet diese Publikation in der Deutschen Nationalbibliografie; detaillierte bibliografische Daten sind im Internet über http://d-nb.de abrufbar.

Inhaltsverzeichnis

Einleitung

Im Rahmen der folgenden Untersuchung zur Frühgeschichte des Deutschen Ordens werden wir uns vor allem mit der Frage auseinandersetzen, welcher Zusammenhang zwischen der raschen Entwicklung bzw. Ausbreitung des Deutschen Ordens und dem damit verbundenen Wandel seiner Aufgaben besteht.

Welche Rolle spielten die Aufgaben bei der Suche nach einem neuen Betätigungsfeld und wie sind sie mit der Regel in Einklang zu bringen? Neben der hier im Vordergrund stehenden Frage nach dem Auftrag, welcher die Legitimationsgrundlage des Deutschen Ordens für sein Handeln darstellte, soll es ferner um die allgemeine Entstehung und Entwicklung des Ordens in seiner Frühphase gehen und anhand der uns überlieferten Quellen und urkundlichen Zeugnisse, kritisch untersucht werden.

Die eigentliche Arbeit unterteilt sich in 4 Kapitel, wobei wir uns in den ersten beiden Kapiteln mit dem Ursprung des Ordens beschäftigen, unter Berücksichtigung des bereits im 12. Jahrhundert existierenden Deutschen Spitals in Jerusalem, welches von vielen Historikern als Keimzelle des Deutschen Ordens angesehen wird sowie mit dem Deutschen Feldspital, welches bei der Belagerung Akkons, im Zuge des dritten Kreuzzuges, ins Leben gerufen wurde. Der Orden selbst sieht seinen Ursprung traditionell in diesem vor Akkon gegründeten Feldspital, aus dem anschließend der Deutsche Ritterorden 1198 hervorging. Dieser Ordenstradition folgend, sollen die in der „Narratio de primoriis *ordinis theutonici*" beschriebenen Vorgänge über die Gründung vor Akkon, einer kritischen Betrachtung unterzogen werden. Hierfür soll insbesondere der Frage nachgegangen werden, welche Rolle die Bremer und Lübecker Bürger bei der Gründung des Spitals vor Akkon spielten und in wieweit sie an diesem Akt beteiligt waren. Zum Einen, um die in der „Narratio" gemachten Ausführungen auf ihre Glaubwürdigkeit hin zu überprüfen, zum Anderen, um Aussagen über die Herkunft der Gründer und vor allem den Zweck dieser Stiftung treffen zu können.

Das dritte Kapitel befasst sich mit der Struktur und der Organisation des Deutschen Ordens, welche zum raschen Aufstieg und zur Besitzentwicklung im Heiligen Land, ebenso wie in ganz Europa, führte. Die Untersuchung der Statuten des Deutschen Ordens spielt in diesem Zusammenhang eine wesentliche Rolle, denn sie regeln nicht nur das Leben in der Gemeinschaft, sondern stellen auch das Programm dar, die Ziele und Aufgaben des Ordens.

Mit der Suche nach einem neuen Betätigungsfeld außerhalb des Heiligen Landes, dem gescheiterten Versuch eine Ordensherrschaft im Burzenland zu errichten und der erfolgreichen Etablierung in Preußen, beschäftigen wir uns im letzten Kapitel.

Die Kulmer Handfeste von 1230 bildete die rechtliche Grundlage für die erfolgreiche Entwicklung in Preußen, dem Erwerb eines geschlossenen Territoriums sowie der Errichtung eines eigenen Ordensstaates außerhalb des Heiligen Landes und bildet den Abschluss dieser Arbeit.

Obwohl die Quellenlage in Bezug auf die Frühgeschichte des Deutschen Ordens sehr dürftig ist, gibt es einige Historiker, die sich, gestützt auf wenige Urkunden und Berichte, mit dem Thema auseinandergesetzt haben. Eine der umfangreichsten Arbeiten ist die Dissertation von Marie-Luise Favreau[1], die sich besonders mit der Unterstellung des Deutschen Ordens unter die Johanniter befasst hat. Mit dem Werk des Deutschordensritters E. J. W. de Wal[2], welches acht Bände umfasst und 1748 erschien, begann eine ernsthafte wissenschaftliche Betrachtung zur Frühgeschichte des Deutschen Ritterordens, einschließlich des jerusalemitanischen Spitals.

Prof. Dr. Beda Dudik[3] entdeckte Mitte des 19. Jahrhunderts die beste Handschrift der „Narratio de primordiis ordinis theutonici", die älteste Ordenstradition, welche über die Gründung des Deutschen Spitals vor Akkon berichtet und veröffentlichte sie im Jahre 1858.

Eine besonders umfangreiche Edition der Urkunden, die den Deutschen Orden bzw. das Deutsche Spital in Jerusalem betreffen, hat der Archivar des Preußischen Geheimen Staatsarchiv zu Berlin, Ernestus Strehlke[4] chronologisch zusammengefasst und nach dem Ort des Betreffs sowie des Ausstellers geordnet.

Eine weitere wichtige Quelle für unsere vorliegende Arbeit ist das Buch *„Die Statuten des Deutschen Ordens"* von Max Perlbach, in dem sich die ältesten Abschriften der Regel finden lassen.

1 Favreau, Marie-Luise, Studien zur Frühgeschichte des Deutschen Ordens, Stuttgart 1974, Bd. 21

2 Wal, Wilhelm Eugen Joseph, Baron von, Histoire de l'Ordre teutonique 1, Paris 1784, S. 1ff.

3 Dudík, Beda, Des hohen Deutschen Ritterordens Münzsammlung in Wien, Wien 1858 (Nachdruck Bonn 1966), S. 38–40.

4 Strehlke, Ernestus Tabulae ordinis Theutonici. Ex tabularii regii Berolinensis codice potissimum ed. Ernestus Strehlke, Berlin 1869, VI.

In der jüngeren Forschung lieferten der Hochmeister des Deutschen Ordens von 1948 bis 1970, Marian Tumler[5], sowie Walther Hubatsch[6] und der Archivar von Königsberg Kurt Forstreuter[7] wichtige Beiträge über die Frühzeit des Deutschen Ordens. Über die Geschichte des Ordens in Preußen gibt es wesentlich mehr Literatur, da hier der Umfang der erhaltenen Urkunden und Dokumente weitaus größer ist. Einen wichtigen Beitrag zur Geschichte in Preußen liefert das Werk „Scriptore Rerum Prussicarum"[8], bestehend aus drei Bänden, in denen die wichtigsten Quellen und Urkunden aus dieser Zeit ediert wurden.

In der folgenden Arbeit sollen anhand der Quellen und in stets kritischer Betrachtung der älteren, wie auch der neuen Literatur, die Entwicklung des Spitals in Jerusalem über das Deutsche Spital in Akkon bis hin zur Etablierung in Preußen untersucht werden.

---

5 Tumler, Marian, Der Deutsche Orden im Werden, Wachsen und Wirken bis 1400 mit einem Abriss der Geschichte des Ordens bis zur neuesten Zeit, Wien 1955.

6 Hubatsch, Walther, Montfort und die Bildung des Deutschordensstaates im Heiligen Lande, Göttingen 1966.

7 Forstreuter, Kurt, Zur Geschichte des Deutschen Ordens. Der Deutsche Orden am Mittelmeer, Bonn 1967.

8 Strehlke, Ernestus (Hrsg.), Scriptore Rerum Prussicarum. Die Geschichtsquellen der Preußischen Vorzeit bis zum Untergange der Ordensherrschaft, Bd. 3, Leipzig, 1866, (Nachdruck Frankfurt 1965).

1 Das deutsche Spital in Jerusalem

1.1 Ein deutsches Spital im Heiligen Land. Zeugnisse seiner Existenz

In der Forschung zur Frühgeschichte des Deutschen Ordens ist man sich mittlerweile über die Tatsache einig, dass spätestens seit dem Jahre 1143 ein Hospital in Jerusalem existierte, welches ausschließlich von Deutschen betrieben wurde. Dies belegen zwei Urkunden Papst Colestins II., die zeitgleich am 9. Dezember 1143[9] ausgestellt wurden und die sich heute im Departementsarchiv Marseille, dem Urkundenarchiv der Johanniter, befinden.[10] Sie sind die wichtigsten urkundlichen Zeugnisse aus dieser Zeit. Die erste von ihnen, als Abschrift aus dem 14. Jahrhundert erhalten, richtet sich an den Meister der Johanniter, Raymund du Puy, während die zweite an die Brüder des Hospitals in Deutschland ging und im Original erhalten ist. Obwohl die letztere kürzer abgefasst ist, stimmen beide Urkunden inhaltlich weitgehend überein.[11] In der ersten Urkunde an Raymund du Puy wird ihm sowie seinen Nachfolgern das Recht und die Befugnis zugesprochen „de gente Teutonicorum priorem et servientes“[12], also den vorstehenden Prior des deutschen Hospitals in Jerusalem, zu ernennen. Man kann daraus schlussfolgern, dass das Deutsche Spital zu dieser Zeit eine gewisse Größe erreicht hatte und zu einer ernstzunehmenden Konkurrenz für bereits bestehende Orden geworden war, da diese sich ebenfalls hauptsächlich durch Almosen und andere Zuwendungen finanzierten. Zu den Einkünften zählten später auch Geld-

9 Delaville, Le Roulx, Carulaire de l'Ordre des Hospitaliers de S. Jean de Jerusalem, I. Nr. 154, 155, Paris 1894–1903, S. 123, Die Texte der beiden Urkunden wurden zuerst gedruckt von Delaville Le Roulx in „Comptes-rendus des séances de l'Académie des inscriptions et belles lettres“, tome 16 (Paris1888), S. 336–344, dann in Delaville, Cartulaire übernommen.

10 Forstreuter, Kurt, Zur Geschichte des Deutschen Ordens. Der Deutsche Orden am Mittelmeer, Bonn 1967, S. 13.

11 Ebd., S13.

12 Delaville, Le Roulx, Cartulaire I. Nr. 154,155, S. 123.

und Naturaleinnahmen aus den neu gewonnenen Territorien in den Kreuzfahrerstaaten.[13]

Für die wachsende Bedeutung und die Größe des Spitals spricht auch die Tatsache, dass es dem Hospitaliter-Orden nicht gelang, die deutschen Brüder zu inkorporieren, so wie es ein Jahrhundert später dem Dobriner Orden und dem Livländischen Orden erging, die vollends mit dem Deutschen Orden verschmolzen.

Dennoch ist durch die Oberaufsicht des Johanniter-Großmeisters die bisherige Selbständigkeit des deutschen Hospitals nach außen hin nicht mehr in Erscheinung getreten[14].

Ein weiterer Beleg für die Existenz des Deutschen Spitals in Jerusalem und deren Besitz im Heiligen Land könnten die Urkunden des Königs Amalrichs I. von Jerusalem, datiert auf den 26. März 1173[15] und den 17. Oktober 1177[16], sein. Gegen diese Urkunden müssen jedoch Bedenken angemeldet werden, denn die Letztere der beiden ist in zweierlei Hinsicht verdächtig. Zum einen kann die Urkunde von 1177 nicht von König Amalrich I. stammen, da dieser schon am 11. Juli 1174 gestorben war[17], zum anderen ist besonders der Adressat in beiden Urkunden, „Mariae sanctae. domus Theutonicorum“[18] ungewöhnlich. Es fehlt der Hinweis auf die Johanniter, denen das Deutsche Spital faktisch unterstand.

Der Indiktion nach würde für die erste Urkunde das Jahr 1163 und für die zweite das Jahr 1165 zutreffen.[19] In beiden Urkunden werden erstmals Privilegien an das Deutsche Haus vergeben. Dazu zählen z. B. die Rechte an verschiedenen Einkünften, bestehend aus Abgaben, Zollfreiheit sowie Grundbesitz in Nablus, Hebron und Baisan[20].

---

13 Favreau, Marie Luise, Vorstellung und Realität. Die Ritterorden in den Kreuzfahrerstaaten, in: Nowak, Hubert, Vergangenheit und Gegenwart der Ritterorden. Die Rezeption der Idee und Wirklichkeit, Torún 2001.

14 Hubatsch, Walther, Montfort und die Bildung des Deutschordensstaates im Heiligen Lande, Göttingen 1966, S. 165.

15 Strehlke, Ernestus, Tabulae ordinis Theutonici. Ex tabularii regii Berolinensis codice potissimum ed. Ernestus Strehlke, Berlin 1869, VI, Nr. 6, S. 7.

16 Ebd., Nr. 8, S. 9.

17 Runciman, Steven, Geschichte der Kreuzzüge, München 2006, S. 702.

18 Strehlke Nr. 8, S. 9.

19 Töppen, M., Des Deutschen Ordens Anfänge, Neue Preußische Provinzialblätter 7, 1849, S. 234, dem schließen sich auch Forstreuter, Deutscher Orden, S. 14 und Hubatsch, Montfort S. 168, an.

20 Forstreuter, Kurt, Deutscher Orden S. 15.

Weniger verdächtig ist eine Urkunde von König Guido, die er am 7. März 1186[21] ausstellte. Doch auch sie weist einen groben Fehler in der Datierung auf. Im März 1186 war Guido von Lusignan noch nicht König von Jerusalem, da er erst im August desselben Jahres gekrönt wurde.[22] Bei dieser Urkunde handelt es sich um eine Abschrift. Für diese Fehler kann es zwei mögliche Erklärungen geben. Entweder hat sich der Schreiber einfach in der Zeitform vergriffen, oder es handelt sich tatsächlich um eine Fälschung zu Gunsten des Deutschen Spitals. Im Rahmen dieser Arbeit ist es zwar nicht möglich, diesen Sachverhalt zu klären, allerdings gehen Historiker wie Kurt Forstreuter davon aus, dass aufgrund der inhaltlichen Übereinstimmung nicht zwingend an ihrer Echtheit gezweifelt werden braucht.[23] Auch in dieser Urkunde werden Privilegien an das Deutsche Hospital vergeben, nämlich die Verpfändung eines Casellums auf dem Weg nach Ramle und zum ersten Mal wird ein Hospitalbeamter mit Namen „Severin“[24] erwähnt, der möglicherweise ein Hospitalvorsteher oder Prior des Deutschen Hauses war.

Mit dieser letzten Urkunde sind wahrscheinlich alle Rechtsquellen erschöpft, die eine Existenz des Deutschen Hauses in Jerusalem belegen können und die uns heute noch zur Verfügung stehen.

Neben den genannten Urkunden lassen sich wichtige Hinweise zur Entwicklung des Deutschen Spitals im Reisebericht des Priesters Johannes von Würzburg, aus dem Jahre 1165[25], finden sowie in einer anonymen, um 1187 entstandenen Beschreibung Jerusalems.[26]

Von der Stiftung selbst berichten nur spätere Chronisten wie Jacob von Vitry[27] und Johann von Ypern[28], der seit 1365 bis hin zu seinem Tode im Jahre 1380 Abt des flämischen Klosters St. Bertin bei St. Omer war.[29]

21 Strehlke, Nr. 20, S. 18.

22 Runciman, Kreuzzüge S. 748.

23 Forstreuter, Deutscher Orden S. 15.

24 Strehlke, Nr. 20, S. 18.

25 Johann von Würzburg, Descriptio Terrae Sanctae, in: Titus. Tobler, Descriptiones Terrae Sanctae ex seaculo VIII, IX, XII et XV, Leipzig 1847, S. 161.

26 Tobler, Titus, Descriptiones Terrae Sanctae ex seaculo VIII, IX, XII et XV, Leipzig 1847, S. 206, Tobler lehnt es ab, den Verfasser als „Hugo Plagon“ zu identifizieren S. 452 f.

27 Jacob von Vitry, Historia orientalis seu Hierosolymitana, in: J. Bongars, Gesta dei per Francos sive orientalium expeditionum et regni Francorum Hierosolymitani historia. 2 Teile in 1 Bd. Hanau 1611, S. 1085.

28 Johannes von Ypern, Chronica monasterii Sancti Bertini, MGSS Bd. 25, S. 796.

29 De Wind, M. S., Bibliotheek der Nederlandsche Geschiedschrijvers. van de vroegste Tijden af tot den Jahre 1815, Middelburg (NL) 1831, S. 59.

Jacob von Vitry, der Bischof von Akkon in den Jahren von 1216 bis 1228[30] war, stand den Ereignissen zeitlich am nächsten und konnte sich noch am Hauptsitz des Ordens selbst unterrichten. Seine Quellen, die er für sein Werk verwendet hat, sind also nicht ungetrübt und wahrscheinlich im Sinne der Ordenspolitik beeinflusst worden.

Die Chronik des Johannes von Ypern, auch Iperius oder Johannes Longus genannt, war erst um 1380 entstanden, drei Jahre bevor er starb.[31] Obwohl diese ausführlicher ist, ähnelt sie dem Bericht des Jacob von Vitry. Die vielen inhaltlichen Übereinstimmungen in beiden Berichten ergeben sich aus der Tatsache, dass Jacob von Vitry neben anderen Chronisten eine der wichtigsten Quellen für Iperius war.

Der Wahrheitsgehalt all dieser Berichte ist schwer nachzuvollziehen und stets kritisch zu hinterfragen, denn sie folgen meist der persönlichen Intention des Verfassers, der zudem häufig seine Informationen aus unsicheren Quellen bezog. Es ist allerdings nicht möglich, sie als Legende abzutun und bei der Untersuchung zur Frühzeit des Deutschen Ordens völlig außer Acht zu lassen, so wie es beispielsweise Wolfgang Sonthofen[32] getan hat. Selbst wenn die gemachten Angaben nicht ganz der Wahrheit entsprechen, geben sie doch immer etwas von den gesellschaftlichen und politischen Absichten des Verfassers preis.

Als in den Jahren nach 1967 die verwahrlosten Häuser in der bis dahin jordanischen Altstadt von Jerusalem abgerissen wurden, sind die Reste alter Bauten freigelegt worden, bei denen es sich um die Ruinen des Deutschen Spitals gehandelt haben muss.[33] Die Beschreibungen der Chronisten bezüglich Lage und Beschaffenheit der Gebäude deckt sich in mehreren Fällen mit den Erkenntnissen, die man aus den Grabungen gewinnen konnte.

In Ihrer Gesamtheit liefern alle oben genannten Zeugnisse, seien es Urkunden, alte Chroniken oder neuzeitliche archäologische Befunde, den Beweis für die Existenz eines Deutschen Spitals in Jerusalem vor 1187.

---

30 Tumler, Marian, Der Deutsche Orden. Von seinem Ursprung bis zur Gegenwart, Bonn-Godesberg 1974, S. 6.

31 Forstreuter, Deutscher Orden S. 14.

32 Sonthofen, Wolfgang, Der Deutsche Orden. 800 Jahre Geschichte, Augsburg 1995, S. 20, bezeichnet alle Berichte von der Gründung des Spitals sowie die Papsturkunden von 1143 als „Legende“.

33 Holst von Niels, Der Deutsche Ritterorden und seine Bauten. Von Jerusalem bis Sevilla von Thorn bis Narwa, Wiesbaden 1997, S. 27.

1.2 Ursprung und Lage

Obwohl sich aus den Quellen kein genauer Zeitpunkt für die Gründung des Deutschen Spitals erschließen lässt, ist es möglich, anhand der Berichte Jacob von Vitrys und Iperius, einen ungefähren zeitlichen Rahmen abzustecken.

Jacob berichtet, dass das Spital zu einer Zeit gegründet wurde, als die Heilige Stadt nach ihrer Befreiung von Christen bewohnt wurde und viele deutsche Pilger nach Jerusalem kamen, also nach 1099.[34]

Folgt man der Argumentation von Marie Luise Favreau[35], so muss nach der Eroberung Jerusalems eine gewisse Zeit verstrichen sein, bis deutsche Pilger nach Jerusalem kamen, die dann auf Sprachschwierigkeiten stießen, welche die Gründung des Deutschen Hauses erst notwendig machten. Sie verlegt die Spitalgründung ganz allgemein in die Regierungszeit König Balduins I. von Jerusalem, also in die Jahre von 1100 bis 1118.[36]

Johann von Ypern berichtet davon, dass 1127 ein deutsches Ehepaar in Jerusalem ein Deutsches Hospital zur Aufnahme kranker Deutscher, die der französischen Umgangssprache und des Lateins nicht mächtig waren, gestiftet haben soll.[37] Forstreuter vermutet, dass es zutreffend ist, das Jahr 1127 als Gründungsjahr anzunehmen[38], und leitet dies aus der Papsturkunde von 1143[39] ab. Seine Beweisführung ist allerdings sehr ungenau, denn er weist lediglich darauf hin, dass in dieser Urkunde das Präsens verwendet wurde, weshalb die Gründung schon ein paar Jahre her gewesen sein mag, und das Jahr 1127 als Jahr der Errichtung anzusehen am sinnvollsten erscheint. Nach seiner Argumentation würde dann aber nicht nur das Jahr 1127 in Frage kommen, sondern auch das Jahr 1118 sowie der gesamte Zeitraum vor 1143.

Favreau dagegen vermutet, dass Iperius mit dem Jahr 1127 die Erhebung des Spitals zum Ritterorden meint.[40] Analog zu den Vorgängen von 1190–1198,

34 Jacob von Vitry, Historia S. 1085: Cum enim civitas sancta post praedictam eius liberationem habitaretur a Christianis, et multi ex Teutonicis et Alemannis cuasa peregrinationis pergentes Hierusalem.

35 Favreau, Marie Luise, Studien zur Frühgeschichte des Deutschen Ordens, Stuttgart 1974, Bd. 21, S. 13.

36 Ebd. S. 13.

37 Johann von Ypern, Chronica S. 796.

38 Forstreuter, Deutscher Orden S. 14.

39 Delaville, Le Roulx, Cartulaire I. Nr. 154, 155, S. 123.

40 Favreau, Frühgeschichte S. 13.

also dem Zeitraum von der Gründung des Deutschen Ordens vor Akkon bis hin zu seiner Erhebung zum Ritterorden, setzt sie acht bis zehn Jahre für diese Entwicklung an und kommt so auch nach Iperius in die Zeit Balduins I. als Gründungszeit. Eine Analogie diesbezüglich herzustellen scheint allerdings nicht besonders sinnvoll, weil die Grundvoraussetzungen sehr unterschiedlich waren, wie sich im Verlaufe der Untersuchung noch zeigen wird.

Neben Favreau verlegen auch Hans Prutz[41] und Max Perlbach[42] die Gründungszeit ganz allgemein in die Regierungszeit Balduins I., allerdings ohne eine Begründung dafür zu geben. Auch Walther Hubatsch und Marian Tumler bleiben eine Erklärung schuldig, wenn sie als Zeitpunkt für die Entstehung des Deutschen Spitals die Jahre um 1118 ansetzen.[43]

Zusammenfassend ist zu bemerken, dass eine genaue Datierung anhand der Quellen nicht möglich ist, und auch die Begrenzung auf einen so engen zeitlichen Rahmen, nämlich die Regierungszeit Balduins I. von 1100 bis 1118, sehr unsicher ist. Sicher hingegen ist, dass das Deutsche Spital in der Zeit nach dem Fall Jerusalems 1099 und vor 1143 gegründet wurde, dem Jahr, aus dem der erste sichere Beleg für seine Existenz überliefert ist.

Als das Deutsche Hospital in der ersten Hälfte des 12. Jahrhunderts errichtet wurde, gab es bereits einige Orden, die sich um die Seelsorge, die physische Betreuung und den Schutz der Pilger kümmerten. Das Johanniter-Hospital hatte seine Statuten erhalten, und auch der Templerorden existierte bereits.[44] Worin bestand also die Notwendigkeit, ein weiteres Hospital speziell für Deutsche zu errichten, und was waren seine anfänglichen Aufgaben?

Die Eroberung der Heiligen Stätten hatte einen großen Zustrom von Pilgern aus dem Abendland zur Folge, die der Hilfe vor Ort bedurften. Womöglich waren die Hospitäler mit der Betreuung der ankommenden Pilger schlichtweg überfordert. Auch wenn der Bericht des Iperius in mehreren Teilen fragwürdig ist, erfährt man aus ihm dennoch etwas über den Grund und die Aufgabe der deutschen Stiftung, nämlich der Aufnahme armer und kranker Deutscher, die der französischen Umgangssprache und des Lateins nicht mächtig waren.[45] Dass die Deutschen bei ihrer Ankunft im Heiligen Land

41 Prutz, Hans, Die Geistlichen Ritterorden. Ihre Stellung zur kirchlichen, politischen, gesellschaftlichen und wirtschaftlichen Entwicklung des Mittelalters, Berlin 1908, S. 62.

42 Perlbach, Max, Die Statuten des Deutschen Ordens, Halle 1890, S. XLII.

43 Hubatsch, Montfort S. 162; Tumler, Deutsche Orden S. 6.

44 Hubatsch, Montfort S. 162.

45 Johann von Ypern: Chronica MGSS Bd. 25, S. 796.

auf Sprachschwierigkeiten stoßen mussten, ist bei der Vielzahl von Pilgern, die aus allen Teilen Europas zusammenströmten, verständlich. Man darf außerdem nicht vergessen, dass sie in ein Land reisten, was ihnen eigentlich völlig fremd war, und in dem die neuen Herren nun meist Französisch oder Latein sprachen. Womöglich sind Johannes von Ypern die Sprachprobleme besonders aufgefallen, denn als Abt des flämischen Klosters in Ypern bei St. Omer, welches nahe der flämisch-französischen Sprachgrenze lag, kannte er diese Schwierigkeiten.[46]

Derjenige Deutsche, der das Spital ins Leben gerufen haben soll wird nirgendwo namentlich erwähnt, sondern nur sehr allgemein als „honestus et religious vir“[47] und als „quidam Teutonicus“[48] bezeichnet.

Man kann es übersetzen als „angesehener und religiöser Mann“, wobei anzumerken ist, dass „honestus“ im Mittelalter „reich“ bedeutete.[49] Hubatsch hält ihn aus diesem Grund für ein Mitglied des weltlichen Adels[50], was auch gut nachzuvollziehen wäre, denn er könnte seine eigenen Mittel für die Gründung des Spitals eingebracht haben. Es waren Mittel, die besonders am Anfang unbedingt notwendig waren, um ein Spital zu stiften und zu unterhalten. Er stützt sich dabei auf Jan Jacob de Geer, der zudem behauptet, dass jener Gründer ein Teilnehmer an der Eroberung Jerusalems 1099 gewesen sei.[51] Zumindest scheint dieser Gründer nicht gänzlich mittellos gewesen zu sein, auch wenn er nicht dem Adel angehörte. Dies wird von Jacob von Vitry in seiner Chronik bestätigt, der sagt, dass dieser Deutsche das Hospiz aus eigenen Mitteln errichtet haben soll.[52] Denkbar ist auch, dass dieses Haus am Anfang nicht nur ein Lazarett war, sondern eher ein Rasthaus in der Art, wie sie der Orden später an den Pilgerstraßen, etwa im kilikischen Königreich Armenien errichtet hat. Solche Formen von Stiftungen und Herbergen hatte es auch schon vor den Kreuzzügen gegeben und erleichterte die Pilgerfahrt zu den heiligen Stätten. Ähnlich wie das Deutsche Spital waren auch diese Anstalten häufig für die Angehörigen einer Nation bestimmt. So genossen z. B. die Besucher der von König Knud dem

46 Forstreuter, Deutscher Orden S. 17, und De Wind, Nederlandsche Geschiedschrijvers S. 59.

47 Jacob von Vitry, Historia, S. 1085.

48 Johannes von Ypern, Chronica, MG.SS. 25, S. 796.

49 Vgl. Niermeyer, Mediae Latinitatis Lexicon minus s. v. *honestus*, Leiden (NL) 2002, S. 647.

50 Hubatsch, Montfort S. 163.

51 De Geer, Jan Jacob, Archieven der Ridderlijke duitsche Orde, Balie van Utrecht, Utrecht 1871 Bd. I S. XXIII

52 Tumler, Deuschte Orden S. 6.

Großen gestifteten dänischen Hospize Freiheit von allen Abgaben, während die Angehörigen anderer Nationen diese zu entrichten hatten.[53] Der Vergleich soll zeigen, dass das Deutsche Haus kein einmaliges oder überraschendes Konstrukt war, sondern sich hier gewisse Tendenzen widerspiegeln, die mit der Entwicklung des Pilgerwesens einhergegangen sind und die sich an anderer Stelle wiederfinden lassen.

Die Kirche und das danebenliegende Spital befanden sich im südöstlichen Teil der Stadt, in der Nähe des Tempelbezirkes.[54] Das sogenannte Deutsche Haus lag an der Rue de Alemans und war durch eine Nebenstraße erreichbar, einem überwölbten Säulengang, der südlich von der Templerstraße abzweigte, wenn man vom Sionstor (Davidstor) kam und in Richtung Tempel ging.[55] Die anonyme Beschreibung der Stadt Jerusalems aus dem Jahr 1187 bestätigt dies und sagt: „Rechts liegt eine Straße, durch die man zum deutschen Hospital kommt. Die Straße heißt Deutsche Straße".[56] Den Ausgrabungen zufolge stand in der Mitte der Bautengruppe, welche in ihrer Gesamtheit als „Deutsches Haus" bezeichnet wurde, eine kleine dreischiffige Kirche, südlich davon das Spital (20:30 m) mit zwei gewölbten Sälen übereinander, und nördlich die um einen quadratischen Hof angeordneten Hallen der Herberge. Die gesamte Anlage ist sorgfältig geplant worden, und die Qualität der noch vorhandenen Kapitelle weist darauf hin, dass zweifellos eingewanderte französische Bauleute mit den Arbeiten betraut wurden. In zwei Zisternen mit einer beträchtlichen Fassungskraft von je zweihundert Kubikmetern konnte das Regenwasser gesammelt und genutzt werden.[57]

Die Reste des Deutschen Spitals sind aber nicht nur aus baukünstlerischen, sondern aus historischen Gründen sehr aufschlussreich. Die beachtliche Größe weist darauf hin, dass es tatsächlich einige Zuwendungen durch Förderer der Gemeinschaft gegeben haben muss. Dafür spricht unter anderem, dass sich die Gräfin Sophie von Holland, Gattin des Grafen Dietrich IV,

53 Prutz, Hans, Geistlichen Ritterorden S. 9, und Riant, Expéditions et pélerinage des Scandinaves en Terre Sainte au temps des croisades, Paris 1865, S. 61, 62.

54 Prutz, H., Die Besitzungen des Deutschen Ordens im Heiligen Lande, Leipzig 1877, S. 11 f...

55 Johann von Würzburg, Descriptio Terrae Sanctae S. 161 oder dieser übersetzt in: Forstreuter, Deutscher Orden S.14.

56 Tobler, Titus, Zwei Bücher Topographie von Jerusalem und seinen Umgebungen, Berlin 1853, Bd. 1 S. 211,

57 Holst, Deutsche Ritterorden S. 27.

„ad hospitale, quod es Theutonicorum“[58] 1176 in Jerusalem bestatten ließ.[59] Sie hatte das Deutsche Spital vorher besucht und dürfte die finanzielle Grundlage des Hauses gestärkt haben. Auch König Konrad III. unternahm 1125 eine Pilgerfahrt[60] nach Jerusalem. Ob dieser jedoch auch dem Deutschen Spital seine Gunst erwiesen hat, muss offen bleiben. Als deutscher König müsste es jedenfalls in seinem Interesse gelegen haben, ein Deutsches Spital im Heiligen Land zu fördern.

Bereits im Jahre 1165 konnte die Kirche des in der „Gasse der Deutschen“ gelegenen Spitals neu aufgeführt, also die ursprünglich bescheidene Kapelle durch einen Neubau ersetzt werden.[61] Favreau hält es nicht für ausgeschlossen, dass die Errichtung dieser neuen Marienkirche auf eine Schenkung Kaiser Friedrich I. zurückzuführen ist, welche das Vermögen des Hauses steigerte und damit den Neubau erst ermöglichte.[62]

Unter all diesen Aspekten darf man sich das Deutsche Haus nicht als kleine Familiengründung vorstellen, denn nicht nur finanzielle Mittel waren für die Unterhaltung des Spitals notwendig, sondern auch eine gewisse Anzahl von Personen, die es betreiben konnten. Um die vielschichtigen Aufgabenfelder zu koordinieren, muss es zudem einen gewissen Grad an Organisation gegeben haben, z. B. mit Verwaltern oder Aufsichtsvögten über das Gesinde.[63] Neben Krankenpflege und Küchenbediensteten erforderte schon die Kapelle eine geistliche Leitung. Wie genau die Gemeinschaft strukturiert oder hierarchisch aufgebaut war, ist aber nicht zu rekonstruieren. Dass die Angehörigen der Bruderschaft verschiedene Aufgaben zu erfüllen hatten ist sehr wahrscheinlich, aber dass es im Deutschen Spital von Jerusalem schon Hausämter gegeben haben soll und hier die Keimzelle für die spätere Beamtenhierarchie des Deutschen Ordens liegt, wie Hubatsch es postuliert[64], ist schwer nachzuvollziehen und wird auch von Favreau in Frage gestellt.[65] Gewiss hat es einen Vorsteher gegeben: er ist jedenfalls 1143[66]

58 Johann von Würzburg in: Fortreuter, Deutscher Orden S. 14.

59 über die Gräfin Sophie von Holland, MGSS Bd. 16 S. 468.

60 Hartmann, Gerhard, Schnith, Karl (Hrsg.), Die Kaiser. 1200 Jahre europäische Geschichte, Wiesbaden 2006, S. 262.

61 Prutz, Geistlichen Ritterorden S. 63.

62 Favreau, Frühgeschichte S. 29.

63 Hubatsch, Montfort S. 163.

64 Ebd., S. 164.

65 Favreau, Frühgeschichte S. 17.

66 Delaville, Le Roulx, Cartulaire I. Nr. 154, 155, S. 123.

bezeugt, aber ob es z. B. schon einen Spittler gegeben hat, oder diese Aufgabe eventuell noch vom Prior des Deutschen Hauses erledigt wurde, ist aus keiner Quelle zu erschließen.

Die Gründung des Deutschen Hauses spiegelt eine Tendenz wieder, die auch in den folgenden Jahrzehnten in London, Bergen, Wisby und Nowgorod sichtbar wird. Auch wenn der Personenkreis ein anderer ist, hier Pilger, dort Kaufleute, so sind die Parallelen doch sehr augenscheinlich und bieten sich zum Vergleich an. Deutsche im Ausland benötigten einen Stützpunkt, der ihnen half, sich zurechtzufinden und mit den Sprachproblemen fertig zu werden, seien es Pilger, die ihr Wallfahrtsgelübde erfüllen wollten oder Kaufleute, die nach neuen Märkten suchten. Aus diesem Grund schlossen sie sich zu einem Zweckverband, zu Gilden und Genossenschaften mit eigenen Häusern, zusammen. Ähnlichkeiten finden sich auch in Bezug auf die Kirche und dem Patrozinium, denn es schien üblich zu sein, dass Deutsche, die sich im Ausland zu einer Genossenschaft zusammenfanden, eine St. Marienkirche erbauten.[67] Die Wahl des Patroziniums ist also keine Willkür, sondern eine Tendenz der Zeit und macht die Gemeinsamkeiten zwischen Gründung des Spitals und den entsprechenden Gildezusammenschlüssen im nördlichen Europa deutlich.

Die Angabe Jacob von Vitrys, dass es angeblich ein zweites Hospital für Frauen gegeben haben soll, welches durch die Frau des deutschen Gründers errichtet und von ihr geleitet wurde, wird von Hubatsch[68] kritiklos übernommen und von Favreau[69] ausgeschlossen.

Ihre Begründung, dass man, anders als es bei den Johanniterschwestern der Fall ist, später nichts mehr von der Existenz eines Frauenspitals hört, kann dies aber nicht kategorisch ausschließen.

Anfänglich waren die Aufgaben des Spitals ausschließlich darauf beschränkt, besonders deutsche Pilger zu betreuen sowie die Armen- und Krankenpflege im Allgemeinen. Laut Jacob von Vitry habe sich aber schon in Jerusalem ein Wandel vollzogen und den Angehörigen des Spitals wäre es verdienstvoller erschienen, sich zusätzlich dem Heidenkampf zu widmen.[70] Das müsste voraussetzen, dass nicht nur sozial Niedere, sondern auch Ritter und Adlige sich dem Hospital angeschlossen hätten, wie Hubatsch, unter

67 Hubatsch, Montfort S. 163 und Paul Johansen, Die Kaufmannskirche, in Visby-symposiet för historiska vetenskaper, Visby 1963.

68 Hubatsch, Montfort S. 163.

69 Favreau, Frühgeschichte S. 16.

70 Jacob von Vitry, Historia S. 1085.

Berufung auf Jacob von Vitry bestätigt.[71] An diesem Punkt ist nicht mehr nur die Rede vom Hospital, sondern von einer kämpfenden Bruderschaft, einem Ritterorden. Heidenkampf ist aber nur dann möglich wenn es auch Ritter in der Gemeinschaft gibt.[72] Ritter befassen sich im Allgemeinen nicht mit der Armen- und Krankfürsorge, weil dies nicht ihrem ritterlichen Ideal entspricht. Am Beispiel der Johanniter wird besonders deutlich wie sie das Institut unterwandert haben und allmählich militarisierten. Anders als der Templerorden sind auch die Hospitaliter aus den anfänglichen karikativen Aufgaben erwachsen und unterstützten dann den Heidenkampf, behielten aber ihr eigentliches Doppelwesen.[73] Es findet kein Wechsel zugunsten einer bestimmten Aufgabe statt, sondern eine Erweiterung des Wirkungsfeldes. Ebenso erging es dem Deutschen Orden, wenn es vielleicht hier in Jerusalem noch nicht geschehen war, dann sicher aber 1199[74] vor Akkon. Es ist ein wesentlicher Schritt in der Entwicklung des Ordens, denn ohne die Militarisierung wäre die Suche nach einem neuen Betätigungsfeld, z. B. in Ungarn oder Preußen, nicht möglich gewesen. Darauf soll aber später noch genauer eingegangen werden. Ferner berichten Jacob von Vitry und Iperius von der Übernahme der Templer- und der Johanniterregel, unterscheiden dabei allerdings nicht zwischen dem Spital in Jerusalem und den Vorgängen vor Akkon. Die Behauptung Hubatschs, dass das Deutsche Spital schon 1130 ihre Regel hinsichtlich des Spitaldienstes an die Johanniter, bezüglich des Schwertdienstes an die Templer angelehnt haben soll[75], bleibt dennoch unbewiesen, denn es ist nicht sicher, wann genau die Johanniterregel schriftlich fixiert wurde. Sie entstand irgendwann in der Zeit zwischen 1120 und 1153 unter dem Ordensmeister Raymund de Puys.[76] Das bedeutet aber auch, dass die Regel 1130 noch nicht zwingend vorhanden gewesen sein muss, um sie als Vorlage verwenden zu können.

Eine Militarisierung des Deutschen Hauses ist anhand weiterer Quellen nicht nachzuweisen und es spricht einiges gegen diesen Vorgang. Zum einen

71 Hubatsch, Montfort S. 164.

72 Favreau, Frühgeschichte S. 15.

73 Prutz Hans, Geistlichen Ritterorden S. 63.

74 Boockmann, Hartmut, Der Deutsche Orden in der deutschen Geschichte. kulturelle Arbeitshefte 27, Bonn 1998, S. 29.

75 Hubatsch, Montfort S. 165.

76 Riley-Smith, J., The Knights of St. John in Jerusalem und Cyprus c. 1050–1310, London 1967, S. 49 f..

wissen wir nichts über die Mitglieder, also ob es tatsächlich Ritter in der Bruderschaft gegeben hat, und zum anderen werden keine kämpfenden Brüder des Deutschen Spitals 1187 erwähnt, als man alle Kampffähigen gegen Saladin aufbot.[77]

Ein weiteres Indiz dafür, dass sich das Deutsche Haus nicht aktiv am Heidenkampf vor 1199 beteiligte, könnte man aus dem Streit mit den Templern schließen, in dem es um die Kleiderfrage ging. Wieder übernimmt Hubatsch kritiklos die Texte Jacob von Vitryis sowie des Iperius und behauptet, die deutschen Brüder hätten schon 1127 als gemeinsame Tracht einen weißen Mantel getragen.[78] Erst zu Beginn des 13. Jahrhunderts kam es zum Streit mit dem Templerorden, der sich über die Kleidung des Deutschen Ordens beschwerte. Sie beriefen sich hierbei auf die Tatsache, dass ihnen allein das Recht bei der Gründung zugesprochen wurde. Daraufhin verbot Papst Innozenz III. 1210 den Deutschordensrittern das Tragen der weißen Mäntel und beauftragte seinen Legaten mit der Untersuchung dieses Falls.[79]

Die entscheidende Frage hierbei ist, warum die Templer erst so spät mit den Deutschen bezüglich der Kleiderfrage in Streit gerieten. Entweder hatten die deutschen Brüder erst jetzt, zu Beginn des 13. Jahrhunderts, mit dem Tragen der weißen Mäntel begonnen und störten damit die Templer, deren Hauptaufgabe der Kampf gegen die Ungläubigen war, oder aber sie waren vorher nicht militarisiert. Wenn die Deutschen also schon 1127 weiße Mäntel trugen, dann hatte es die Templer vermutlich nicht gestört, solange diese sich einzig der Krankenpflege widmeten und nicht als direkte Konkurrenz in Erscheinung traten.

Daraus kann man schlussfolgern, dass mindestens eine der Behauptungen falsch ist, da sie sich gegeneinander ausschließen. Entweder haben die Deutschen sich schon vor 1187 in einen Ritterorden gewandelt, dann hätten sie aber nicht die weiße Kleidung seit 1128 getragen, welche die Templer später so störte, oder aber sie waren schon immer weiß gekleidet und wandelten sich erst zu Beginn des 13. Jahrhunderts in einen Ritterorden. Analog zu der Entwicklung des Thomasorden, ebenfalls eine nationale Stiftung im Heiligen Land, lässt sich feststellen, dass auch hier die Templer erst spät versucht haben, den Orden zu inkorporieren, nachdem dieser militarisiert und damit

77 Favreau, Frühgeschichte S. 17.

78 Hubatsch, Montfort S. 164.

79 Strehlke S. 269, Nr. 299.

zur Konkurrenz wurde[80]. An diesen Überlegungen wird deutlich, wie sehr Iperius und Jacob von Vitry die Vorgänge über die Gründung des Deutschen Spitals in Jerusalem und der späteren Stiftung vor Akkon vermischt haben und nicht zwischen diesen beiden Institutionen, dem Spital in Jerusalem und dem Deutschen Orden vor Akkon, unterscheiden. Das wird auch daran deutlich, dass in den Berichten beider Chronisten an keiner Stelle die Vormachtstellung der Johanniter über das Deutsche Spital erwähnt wird.

Über die Entwicklung des Spitals in der Frühzeit, bezüglich des Besitzes, ist nichts Näheres bekannt. Es ist also schwierig festzustellen, wie schnell oder wie langsam das Deutsche Haus gewachsen ist oder wie sich die Unterstellung durch die Johanniter auswirkte, und ob aufgrund dessen vielleicht eine Stagnation stattfand.

Die Schenkungsurkunden von König Amalrich I. aus den Jahren 1173 und 1177 geben zwar Auskunft über erhaltene Besitzungen in Nablus, Hebron und Baisan[81], können aber aufgrund ihrer formellen und inhaltlichen Fehler nicht für eine ausreichend beweiskräftige Argumentation herangezogen werden.

Aus dem Inhalt der beiden Urkunden Coelestins II. von 1143[82], die weitaus glaubhafter sind, geht hervor, dass der Umfang und die Bedeutung des Spitals seit der Gründung zugenommen haben dürfte, da sonst eine Verbreitung über die Grenzen Jerusalems hinaus nicht vorstellbar wäre.[83] Die beiden Urkunden berichten von Streitigkeiten zwischen dem Deutschen Spital und den Johannitern im Königreich Jerusalem und in anderen Teilen der Welt.

Weshalb lässt sich so wenig Besitz der Johanniter im Reich nachweisen? Allein in Böhmen hatten die Hospitaliter mehr Besitzungen als im ganzen Reich zusammen. Dort war der Besitz so gering, dass er zunächst keinen eigenen Verwalter benötigte.[84] An der mangelnden Stiftungsfreudigkeit der Deutschen wird es nicht gelegen haben. Es gibt womöglich eine einfache Erklärung dafür, dass nämlich die von Coelestin II. 1143 verordnete Unterstellung des Deutschen Spitals unter die Johanniter funktionierte, und die Johanniter absichtlich keinen Besitz im Reich aufbauten, sondern die Schenkungen in die Kassen ihres deutschen Sondervermögens lenkten.

80 Demurger, Alain, Die Ritter des Herrn, Die Geschichte der geistlichen Ritterorden, München 2003, S. 49.

81 Vgl. S. 2 Anm. 7 und 11.

82 Vgl. S. 1 Anm. 1.

83 Perlbach, M., Die Statuten des Deutschen Ordens, Halle 1890, S. XLII.

84 Favreau, Frühgeschichte S. 32.

Mit einem nach außen hin nationalen Spital ließen sich im Reich natürlich mehr Schenkungen anlocken als mit dem multinational ausgerichteten Orden. Wenn die Eingliederung des Spitals so funktionierte wie 1143 vorgesehen, also die Johanniter die Verwaltung des Deutschen Spitals beaufsichtigen konnten, seinen Prior ernannten und die Möglichkeit hatten, über die Aufnahme potentieller Mitglieder zu entscheiden, dann konnten sie sich selbst aus Deutschland fernhalten. Hätte es nicht so funktioniert, dann hätten die Johanniter mit Sicherheit selbst viel mehr Besitz in Deutschland aufgebaut.

Offenbar hatte diese für die Johanniter bequeme Lösung bis 1187 fortbestanden, denn erst als Jerusalem und mit ihm das Deutsche Spital in die Hände Saladins gefallen waren, hat der Orden einen Prior für Deutschland ernannt. Was vom Deutschen Spital blieb, war der Besitz in Deutschland, und nun rächte sich die Konstruktion von 1143, denn der Besitz war fortan herrenlos. Die Johanniter hatten zwar die Oberhoheit über das Deutsche Spital in Jerusalem gehabt, waren aber mit diesem nicht identisch gewesen.[85]

Die Johanniter behaupteten bis 1258, das Deutsche Spital und später der Deutsche Orden sei ihnen unterstellt. Erst mit der Amtszeit Hermann von Salzas, des vierten Hochmeisters von 1210–1239, begann die wirklich eigenständige Entwicklung des Ordens.[86]

Jacob von Vitry zufolge war die Stiftung zunächst sehr arm und wurde, abgesehen vom ursprünglichen Stiftungsvermögen, von Almosen erhalten sowie von dem Vermögen derjenigen, die in Bruderschaft eintraten und ihren weltlichen Besitz aufgaben.[87] Es ist nicht eindeutig, ob er hier nur eine stereotypische Sicht von der Entwicklung solcher Institutionen wiedergibt, denn zu Beginn waren die meisten geistlichen Orden bei ihrer Stiftung nicht sonderlich vermögend und erwuchsen erst allmählich durch Zuwendungen zu weitverzweigten Organisationen.[88] Das Bild von der anfänglichen Armut ist gleichzeitig topisch zu werten, denn die Armut gehörte in dieser Zeit zu einer christlichen Idealvorstellung und war besonders in geistlichen Gemeinschaften sehr ausgeprägt. Armut ist eine der so genannten evangelischen Räte: Keuschheit, Gehorsam und Armut bilden die monastischen Angelpunkte

85 Ebd., S. 33.

86 Demurger, Ritter des Herrn S. 48.

87 Jacob von Vitry, Historia S. 1085.

88 Favreau, Frühgeschichte S. 19.

des monastischen Lebens.[89] Das Mönchtum hat diese evangelischen Räte in Gelübde umgewandelt und wurde zum Leitbild der christlichen Ordensgemeinschaften.[90]

Die Untersuchung zur Entstehungsgeschichte des Deutschen Spitals in Jerusalem hat gezeigt, dass aufgrund der wenigen Quellen, die zudem meist unsicher sind, viele Fragen in Bezug auf die Größe, dessen Entwicklung und über die Struktur offen bleiben müssen. Hubatsch hat dem Deutschen Spital zu viel Bedeutung beigemessen und ist den Berichten des Iperius und Jacob von Vitry ohne nähere Begründung gefolgt.[91]

Favreau steht dem eher kritisch gegenüber, besonders wenn es um die Größe des Spitals geht. Ihre Argumentationen sind im Einzelnen schlüssig, aber in ihrer Gesamtheit ergibt sie kein klares Bild vom Deutschen Haus.

So behauptet sie einerseits, dass man sich die Strukturen und Verhältnisse des Deutschen Spitals eher klein vorzustellen hat, mit womöglich nur einem Prior, der mehrere Aufgaben übernommen hat[92], andererseits aber stellt sie den großen Einfluss des Ordens, der über die Grenzen des Königreichs Jerusalem hinaus ging, anhand der Papsturkunde von 1143 heraus und hält es für möglich, dass weltliche Herrscher wie Konrad III. oder Friedrich I. den Orden mit Zuwendungen bedachten.[93]

Irgendwo in der Mitte dieser beiden Argumentationslinien wird wohl die Wahrheit zu finden sein. Festzustellen ist: Das Deutsche Spital ist seit seiner Gründung stetig gewachsen und auch die Unterstellung unter die Johanniter kann diesem Vorgang keinen Abbruch getan haben, denn wenn der Reisebericht Johann von Würzburgs stimmt und sich 1165 eine neue Kapelle im Bau befand, was sich im Übrigen mit den archäologischen Ausgrabungen in Einklang bringen lässt, dann kam es auch nach 1143 zu einem materiellen Zuwachs durch Förderer. Dies war aber nur im Rahmen eines Spitals möglich und nicht im Rahmen eines eigenen Ordens, was die Johanniter erfolgreich verhindern konnten. Die Bedeutung des Deutschen Hauses wird bis

89 Fleckenstein, Josef,Die Rechtfertigung der geistlichen Ritterorden, in: Fleckenstein Joseph und Manfred Hellmann, Die Geistlichen Ritterorden Europas. Vorträge und Forschungen, Sigmaringen 1980, Band XXVI, S. 15.

90 Zu den evangelischen Räten: Flew, Robert Newton, The perfection in the Christian theology, London 1934, sowie in: Görres, J., Die christliche Mystik, Regensburg 1836, S. 284.

91 Hubatsch, Montfort S. 162 ff..

92 Favreau, Frühgeschichte S. 17.

93 Ebd., S. 29.

zu einem gewissen Maße vorstellbar, nämlich genau bis zu dem Punkt, an dem es in die Interessensphäre der Hospitaliter eintritt, also die Umwandlung in einen Orden mit weitreichenden Aufgaben. Die Papsturkunde von 1210, in welcher der Streit um die Kleiderfrage mit den Templern geklärt werden sollte[94], hat zudem gezeigt, dass das Deutsche Spital in Jerusalem noch nicht militarisiert war und demnach auch noch keine Erweiterung des Tätigkeitsfeldes in Form von bewaffneter Heidenbekämpfung stattgefunden hatte. Die Funktion des Deutschen Spitals blieb darauf beschränkt, deutsche Pilger in Jerusalem aufzufangen und zu unterstützen, also karikative Aufgaben wahrzunehmen. Auch unter der Aufsicht der Johanniter hatten sie einen gewissen Handlungsspielraum, besonders in den deutschen Gebieten, wo sie stellvertretend für die Johanniter Besitz akkumulierten.[95] Die Anzahl der Gebäude und deren Unterhalt lassen den Schluss zu, dass es mehrere dienende Brüder gegeben haben muss, die mit den unterschiedlichsten Aufgaben betraut waren. Hausämter, wie man sie von später kennt, sind dabei aber eher unwahrscheinlich.

1.3 Schwierigkeiten seines Aufkommens und Besonderheiten

Schon die ersten Urkunden, die auf die Existenz eines Deutschen Spitals in Jerusalem schließen lassen, geben Hinweise auf den besonderen Charakter der Gemeinschaft und die Schwierigkeiten, mit denen sie von Beginn an zu kämpfen hatten, der Konkurrenz zu bestehenden Orden, wie den Johannitern. Zum einen verdeutlichen sie den nationalen Charakter, der von Anfang an besonders war, und die Schwierigkeiten, wie der Unterstellung unter die Johanniter. Auf einige Punkte soll hier noch einmal näher eingegangen werden, weil sie in der späteren Entwicklung und Ausprägung des Deutschen Ordens sowie im politischen Selbstverständnis noch eine maßgebliche Rolle spielen werden.

Eine von Beginn an sehr augenscheinliche Besonderheit des Deutschen Spitals ist der ausgeprägte nationale Charakter, welcher in den überlieferten

94 Ebd., S. 15.

95 Favreau, Frühgeschichte S. 33.

Berichten und Urkunden, später im Namen selbst, betont wird und ihm immer eigen blieb. So bezeichnete schon Johann von Würzburg das Hospital als „Domus Alemannorum[96]“ und auch die Urkunde des Papstes von 1143 trägt die Adresse: „Dilectis filiis fratibus hospitalis Jerosolimitani per Alemanniam constitutis“.[97]

Die nationale Ausprägung als solches war nicht einmalig, denn es waren im Verlaufe der Kreuzzüge mehrere Spitäler im Heiligen Land entstanden, die ausschließlich Landsleute aufnahmen und betreuten. Ein Beispiel hierfür ist der Orden von „S. Thomas dem Mätyrer von Akkon“, der auf Initiative von Richard Löwenherz gegründet wurde und als englischer Orden angesehen werden kann[98]. Die Besonderheit liegt vielmehr darin, dass es das Deutsche Haus im Laufe seiner Entwicklung geschafft hat, neben den beiden Großen Orden, den Templern und Johannitern zu bestehen, sie teilweise sogar zu überflügeln, etwas was dem Thomashospital wie auch den meisten anderen Orden verwehrt blieb.

Für die Integration einer neuen Stiftung im Heiligen Land war die nationale Komponente hinderlich und stand im Gegensatz zu den großen internationalen Orden.[99] Während die Templer und Johanniter auf Zuwendungen aus ganz Europa hoffen konnten, musste sich das Deutsche Spital auf Förderer aus deutschsprachigen Gebieten oder jenen, die diesen nahe standen, beschränken. Anderseits ergab sich daraus auch ein gewisser Vorteil, denn weltliche Herrschaftsträger hatten nun eine Form moralischer Verpflichtung, ihre Landsleute zu unterstützen, lag es doch auch in ihrem Interesse, die eigene Position im Heiligen Land zu stärken. Dieser Vorteil wurde allerdings mit der Unterstellung durch die Johanniter zunichte gemacht, und das Deutsche Haus hätte vermutlich dasselbe Schicksal erlitten wie der Thomasorden, der ab 1236 keinen weiteren Aufschwung mehr erfuhr und deshalb beinahe durch den Templerorden inkorporiert wurde. Der englische Orden verlor seinen militärischen Charakter und beschränkte sich fortan nur noch auf die Armen- und Krankenfürsorge.[100] Betrachtet man diese Entwicklung analog zu den Vorgängen des Deutschen Spitals, bestätigt sich die These, dass

96 Johann von Würzburg, Peregrinationes Tres, hg. R.B.C. Huygens, Turnhout 1994, S. 133, und in Demurger, Ritter des Herrn S. 48.

97 Forstreuter, Deutscher Orden S. 13; Delaville Le Roulx, Cartulaire I. Nr. 155.

98 Demurger, Ritter des Herrn S. 48.

99 Prutz, Geistlichen Ritterorden S. 62.

100 Demurger, Ritter des Herrn S. 49.

ein Orden erst zur Konkurrenz wird, wenn er in die Interessensphäre, also in den Aufgabenbereich eines anderen eintritt, in diesem Falle die aktive Aufnahme des Heidenkampfes.

Die wichtigste Frage hierbei ist, wie der Deutsche Orden es schaffte, sich trotz dieser Schwierigkeiten gegen die bestehenden internationalen Orden durchzusetzen und später sogar sein eigenes zusammenhängendes Territorium zu errichten, mit einem eigenen Ordensstaat. Mehrere Faktoren spielen hierfür eine wesentliche Rolle. Als erstes musste die Abhängigkeit von den Johannitern gelöst werden. Diese Gelegenheit bot sich, nachdem Jerusalem 1187[101] an die Muslime verloren gegangen war und die Belagerung der Stadt Akkon 1198[102] durch Kreuzfahrer begann. An diesem dritten Kreuzzug waren die Deutschen rege beteiligt und aus der Notwendigkeit heraus, Verletzte und Kranke zu versorgen, entstand ein neues Deutsches Spital im Feldlager vor der Stadt. Die genauen Umstände und die Gründe der Stiftung sowie deren Entwicklung sind Bestandteil der Untersuchungen, die in den folgenden Kapiteln eingehender betrachtet werden sollen. Dieses neue Deutsche Spital vor Akkon stellte in der hauseigenen Argumentation eine neue Institution dar, die aus diesem Grunde nicht den Johannitern untergeordnet war. In den ersten Urkunden nannte man das Spital noch „St. Marien Spital der Deutschen zu Akkon“, ab 1214 jedoch übernahm die Kanzlei Friedrich II. den Titel „Hospital St. Marien der Deutschen zu Jerusalem“.[103] Nach ordenseigenen Angaben fiel die Wahl des Namens im Hinblick auf die baldige Eroberung Jerusalems: zumindest ist diese Begründung in der „Narratio de primordiis ordinis Theutonici“[104] aufgeführt. Es entstand eine Doppeldeutigkeit, die in der Ordenspolitik geschickt ausgespielt wurde, um sich von der Abhängigkeit zu lösen und möglicherweise in der Zukunft Ansprüche auf das alte Deutsche Spital in Jerusalem geltend mach zu können. Zur Frage, in welchem Zusammenhang die beiden Spitäler stehen, Kontinuität oder Neugründung, gibt es bis heute starke Kontroversen in der Forschung und wird ebenfalls Gegenstand der folgenden Untersuchungen sein.

101 Röhricht, Reinhold, Geschichte des Königreichs Jerusalem 1100–1291, Amsterdam 1966, S. 451 f..

102 Runciman, Kreuzzüge S. 795.

103 Hubatsch, Montfort S. 168; Töppen, Ordens Anfänge S. 276f, vgl. Strehlke Nr. 301, S. 270.

104 Perlbach, Statuten S. 159 f.

Was den Deutschen Orden außerdem von den anderen nationalen Genossenschaften unterschied, war die Tatsache, dass dieser unter der Führung Hermann von Salza es erfolgreich geschafft hatte, seinen Wirkungskreis zu erweitern und ein neues Tätigkeitsfeld zu finden, die Missionierung der Prussen. Anders als im Heiligen Land gab es hier noch nicht diese Dichte an christlichen Gemeinschaften und deshalb auch weniger Konkurrenz. Womöglich war es auch weise Vorahnung Hermann von Salzas, dass das Heilige Land für die Christenheit nicht auf Ewig zu halten war und irgendwann an die Muslime verloren gehen würde.

Der Deutsche Orden hatte von Anfang an eine sehr enge Beziehung zum Deutschen Reich, insbesondere zum staufischen Kaiserhaus, während der Johanniter- und der Templerorden nur dem Papst verpflichtet waren. Als Kaiser Friedrich II. 1228 der Bannstrahl des Papstes traf und er exkommuniziert wurde[105], erwuchs daraus eine handfeste Krise für den Deutschen Orden, da dieser sich beiden Parteien verpflichtet fühlte. Der aktiven Vermittlungstätigkeit des Hochmeisters Hermann von Salza ist es zu verdanken gewesen, dass der Orden keinen Schaden aus dieser Krise nahm.

Auffallend ist, wie hinderlich die Beschränkung des Ordens auf eine Nationalität für seine Entwicklung im Anfangsstadium war und wie sich für ihn später nicht zu unterschätzende Vorteile daraus ergaben. So blieb ihm das Schicksal des Templerordens erspart, als der König von Frankreich, Philipp der Schöne, im Jahre 1307 gegen die Templer vorging, dessen Güter konfiszierte und den Untergang des Ordens mit einem Prozess besiegelte.[106]

---

105 Von der über den Kaiser verhängte Strafe aus der Chronik des Roger von Wendover, in: Heinisch, J. Klaus, Kaiser Friedrich II.. Sein Leben in zeitgenössischen Berichten, München 1977, S. 34.

106 Über die Gründe des Königs und dem Untergang der Templer in: Demurger, Alain, Die Templer. Aufstieg und Untergang 1120–1314, München 2005, S. 274 ff.

2 Die Gründung des Deutschen Spitalsin der Ordenstradition

2.1 Die Gründung des Spitals und die „De primordiis ordinis Theutonici narratio“

Die schlechten hygienischen Verhältnisse im christlichen Heerlager vor der Stadt Akkon, die permanente Lebensmittelknappheit und die daraus resultierenden Hungersnöte, besonders in den Jahren 1190/91, schwächten nicht nur die Moral der christlichen Truppen, sondern forderten auch viele Todesopfer.[107]

Unter den Opfern der großen Seuche, die im Herbst 1190 im Feldlager der Christen ausbrach, befand sich auch Königin Sybille mit ihren zwei kleinen Töchtern, die einige Tage vor ihr gestorben waren.[108]

In den zermürbenden Kämpfen konnte keine der beiden Kriegsparteien einen entscheidenden Vorteil für sich erringen, und die Zahl der Verletzten stieg stetig an. Vermutlich gab es im Lager nicht genug Spitäler, weshalb die Versorgung der Kranken und Verletzten nicht ausreichend war. In dieser Situation gründeten Deutsche im Lager vor der Stadt ein Feldspital. Über die Gründung und Frühgeschichte dieser Institution wird in dem ältesten Bericht, der Narratio de primoriis ordinis Theutonici[109], berichtet. Nach dieser Erzählung sollen Bürger aus Bremen und Lübeck, also Weltliche, im Lager vor Akkon aus Barmherzigkeit ein Spital unter dem Segel eines Ihrer Schiffe errichtet haben. Diese Bürger verwalteten das Spital bis zur Ankunft des Herzogs Friedrich von Schwaben und übergaben es anschließend zweien seiner Diener, dem Kämmerer Burchhard und dem Kaplan Konrad. Burchard und Konrad sollen anschließend die Profess abgelegt und dann das Hospital

107 Vgl. die Schilderung bei Röhricht, Geschichte S. 514 ff..

108 Runciman, Kreuzzüge, S. 801.

109 Töppen, Narratio de primoriis ordinis Theutonici, in. Strehlke, Ernestus, Scriptore Rerum Prussicarum. Die Geschichtsquellen der Preußischen Vorzeit bis zum Untergange der Ordensherrschaft, Bd. 1, Leipzig 1861, S. 220–225, und in Perlbach, Statuten S. 59–60.

der heiligen Mutter Maria geweiht haben. Sie nannten es fortan Hospital St. Marien des Deutschen Hauses von Jerusalem.[110]

Das genaue Datum der Spitalgründung ist nicht bekannt, lässt sich aber in einen zeitlichen Rahmen einordnen. Der Gründungszeitpunkt liegt zwischen dem 29. August 1189[111], als die Belagerung Akkons begann, und Mitte September 1190, dem Datum einer Urkunde König Guidos von Jerusalem, in der das deutsche Hospital erstmals genannt wird.[112]

Auch die in der „Narratio" erwähnten Lübecker und Bremer Bürger waren schon im Oktober 1189 mit ihren Schiffen vor Akkon gelandet[113].

Es besteht deshalb kein Grund an der Tradition des Ordens zu zweifeln, die das Jahr 1190 als Gründungsdatum ansieht, und sich dabei auf die Aussagen der „Narratio" stützt.[114]

Die Narratio, ein historiographischer Bericht, dessen Verfasser unbekannt ist, gilt als die erste zusammenhängende Darstellung der Gründung des Deutschen Ordens vor Akkon. Die beste Handschrift der Narratio de primoriis ordinis Theutonici sowie der Pergamentcodex, aus welchem dieser entnommen ist, befindet sich heute in der Vatikanischen Bibliothek von Rom und stammt aus dem 14. Jahrhundert.[115] Sie wurde zuerst von Prof. Dr. B. Dudik entdeckt und 1858 von ihm herausgegeben.[116] Der Codex enthält auf 159 Blättern die Regeln, Statuten und Gewohnheiten des Deutschen Ordens in deutscher und lateinischer Sprache. In einem vorangehenden Kalender werden die Heilige Elisabeth von Thüringen sowie die Hochmeister Hermann von Salza und Konrad von Thüringen als Verstorbene aufgeführt. Demnach müsste der Codex nach 1241 geschrieben worden sein. Die Ansichten über die Datierung

110 Die deutsche Übersetzung der Narratio de primordiis ordninis Theutonici aus der zweiten Hälfte des 15. Jahrhunderts, in: Arnold, Udo, Entstehung und Frühzeit des Deutschen Ordens, in: Fleckenstein, Ritterorden Europas S. 81 und in: Scriptores rerum Prussicarum (SRP) III, Leipzig 1866 (Nachdruck Frankfurt/M. 1965), S. 710–712.

111 Runciman, Steven, Kreuzzüge München 2006, 795.

112 Strehlke, S. 22, Nr. 25.

113 Roger von Hoveden, Chrinica, ed. W. Stubbs. Bd. 3, London 1868–1888, S. 21.

114 noch heute beruft sich der Deutsche Orden in seinem Prolog des Ordensbuches traditionell auf das Gründungsjahr 1190; Das Ordensbuch. Die Regeln und Statuten des Ordens der Brüder und Schwestern vom deutschen Haus Sankt Mariens in Jerusalem, Wien 2001, S. 15.

115 Töppen, Narratio, in SRP, Bd. 1, S. 220 ff..

116 Dudík, Münzsammlung S. 38–40.

der Narratio gehen allerdings weit auseinander, da die Urfassung nicht mehr existiert, sondern einzig auf sechs Handschriften Bezug genommen werden kann. Tumler setzt sie auf spätestens 1210 an[117], Grumblat und ihm folgend Forstreuter auf nach 1232[118], Hubatsch auf um 1240[119] und Arnold ebenso wie Favreau auf nach 1244.[120] In jedem Fall kann man davon ausgehen, dass die Narratio in der ersten Hälfte des 13. Jahrhunderts entstanden ist. Auch der von Dudik gefundene und veröffentlichte Codex trägt nach seiner eigenen Versicherung den Charakter einer Schrift aus dem 13. Jahrhundert und verweist dabei auf kleine scharfkantige gotische Minuskeln.[121]

Eine deutsche Übersetzung, vielleicht die älteste deutsche Handschrift, die noch vorliegt, ist enthalten in einem Traktat aus dem Jahre 1335 und von einem Deutschordensbruder mit Namen Ulrich verfasst worden.[122]

In den einzelnen Abschriften und Übersetzungen der Narratio sind folgende Namensformen für das Deutsche Spital überliefert: Hospitale sancte Marie Theutunicorum in Jerusalem, Hospitale sancte Marie domus Theutonice in Jherusalem und das spitall sandt Marien des tewschen hawss von Jherusalem.[123]

Die Begründung für die Wahl des Namens „Hospitale sancte Marie liefert die Narratio selbst, nämlich im Hinblick auf die baldige Eroberung der Stadt Jerusalem und der dortigen Errichtung eines deutschen Hauses: „Ea spe et fiducia, ut terra sancta christiano cultui restituta in civitate sancta Jerusalem domus fieret eiusdem ordinis principalis, mater, caput pariter et magistra".[124] Ob dieses Argument wirklich ausschlaggebend für die Namensgebung war, oder ob es darum ging, Ansprüche auf das alte Deutsche Spital in Jerusalem geltend zu machen, ist in der Forschung umstritten. Das alte Spital in Jerusalem findet jedenfalls keine Erwähnung in der Narratio. Die Gründung vor Akkon wird in der eigenen Ordenstradition als eine völlig neue und eigenständige Institution betrachtet. [125]

---

117 Vgl. Tumler, Deutsche Orden S. 585.

118 Vgl. Grumblat, Hans, Über einige Urkunden Friedrichs II. für den Deutschen Orden. Diss., Giessen 1908, S. 40; Forstreuter, Deutscher Orden.

119 Vgl. Hubatsch, Montfort S. 166, Anm. 10.

120 Vgl. Arnold, Frühzeit S. 89; Favreau, Frühgeschichte S. 41.

121 Dudik, Münzsammlung S. 55.

122 Narratio, SRP III S.710 ff..

123 Narratio, SRP I S. 221; Narratio, SRP III S. 710.

124 Narratio, SRP I S. 221.

125 Töppen, Narratio, in SRP, Bd. 1, S. 220.

Trotzdem hat diese Begründung, welche die Narratio liefert, die Forschung nie ganz zufrieden gestellt. So glaubte Grumblat, dass dies eine mehr oder weniger gute Ausrede war und der fromme Wunsch des Verfassers wiedergegeben wurde.[126] Hubatsch sah in der Wahl des Namens eine bewusste Anknüpfung der Akkoner Spitalgründung an jenes ältere Hospital in Jerusalem. Nach seiner festen Überzeugung waren in jedem Fall Brüder aus dem Deutschen Haus von Jerusalem bei der Belagerung Akkons anwesend.[127] Auch Tumler vermutet, dass der Name und die Aufgaben, also der Auftrag und der Geist des alten Deutschen Hauses bewusst durch das Spital vor Akkon übernommen wurden.[128]

Dass der Verfasser der Narratio überhaupt eine Begründung für die Namensgebung liefert, ist ein Indiz dafür, dass der direkte Bezug auf das Deutsche Haus in Jerusalem vermieden werden sollte. Auch Favreau sieht dies als eine elegante Lösung des Problems, einmal die Kontinuität Jerusalem-Akkon zu betonen, andererseits aber einen direkten Zusammenhang auszuschließen, um Ansprüchen der Johanniter gegenüber dem Deutschen Orden entgegentreten zu können.[129]

Es gibt aber noch eine weitere Erklärung, die in der Forschung wenig oder überhaupt nicht beachtet wurde.

So verweist Arnold als einziger kurz auf die Möglichkeit, dass es sich bei der um die Namensgebung betreffenden Stelle um einen späteren Zusatz handeln könnte, die der ursprünglichen Fassung nicht angehörte.[130] Diese Überlegung ist naheliegend, besonders weil die Narratio in ihrer Urfassung nicht erhalten, sondern nur in sechs Handschriften aus späterer Zeit überliefert ist. Dass der Bezug auf Jerusalem im Namen des deutschen Spitals vor Akkon ungewöhnlich ist, darüber sind sich die Historiker einig, allerdings gehen sie davon aus, dass schon in der Urfassung dieser Name existierte und es notwendig war, eine Begründung dafür zu geben. Spekuliert wird nur über die Absichten des Verfassers.

Es gibt aber einige Argumente, die dafür sprechen, dass es sich bei der Passage bezüglich der Namensgebung um einen nachträglichen Zusatz handeln könnte. Wenn dies tatsächlich so ist, dann stellt sich die Frage, ob das

126 Grumblat, Urkunden S. 39.
127 Vgl., Hubatsch, Montfort S. 166.
128 Tumler, Deutsche Orden S. 587.
129 Vgl. Favreau, Frühgeschichte S. 109.
130 Vgl. Arnold, Frühzeit S. 89.

deutsche Spital vor Akkon wirklich von Anfang an den Bezug zu Jerusalem in seinem Namen trug. Forstreuter führt einige Papsturkunden als Argument dafür an, dass die Adresse Jerusalem und nicht Akkon von Beginn an gebräuchlich war[131]. Als Bespiel nennt er die Urkunde Papst Coelestin III. aus dem Jahre 1196[132] sowie die Urkunde von Innozenz III., ausgestellt 1209[133]. Obwohl es richtig ist, dass Coelestin III den Adressaten als „fratibus hospitalis sancte Marie Alemanorum Ierosolimitani“[134] betitelt, müssen hierzu Bedenken angemeldet werden, da sie verdächtig sind. Schon am 21. Februar 1192 verleiht Papst Coelestin III. dem Marienhospital angeblich die Augustinerregel und den Namen „ fratres domus Teutonice sancte Marie in Jerusalem“, eine Urkunde, die nach Forstreuter selbst als Fälschung anzusehen ist, um mögliche Angriffe der Johanniter abzuwehren.[135] Der Verdacht liegt also nahe, dass die spätere Urkunde von 1196 ebenfalls nicht echt ist, denn es war besonders in der Frühphase nicht unüblich, Urkunden zu fälschen, um sich Privilegien zu sichern und sich gegen Konkurrenten durchzusetzen. So fälschten selbst die Johanniter eine Urkunde, ausgestellt am 9. April 1154, angeblich von Papst Innozenz IV., worin es um Ansprüche gegenüber dem Deutschen Orden ging.[136]

Zudem ist die von Coelestin im Jahre 1196 ausgestellte Urkunde kritisch zu betrachten, weil es sich hierbei um die Bestätigung eines Privilegs aus dem Jahre 1188 handelt.[137] In dieser Urkunde von 1188 erhielt das alte Deutsche Spital Zehnfreiheit, was voraussetzen müsste, dass es damals im Besitz von Ländereien war. Dies ist allerdings nicht genau nachweisbar. In der Bestätigungsurkunde aus dem Jahr 1196, ausgestellt von Coelestin III., werden tatsächlich einige Besitzungen aufgezählt, die hier bestätigt werden. Für einige von ihnen liegen Privilegien aus den Jahren 1190 vor, für andere allerdings nicht. So findet sich kein Privileg für „Scalone“, „Zamsi“ und „Ramle“. Die Urkunde von 1196 scheint also in vielerlei Hinsicht verdächtig und kann nicht zu einer Beweisführung für die Namensgebung herangezogen werden.

131 Vgl. Forstreuter, Mittelmeer S. 21.
132 Strehlke S. 264, Nr. 296.
133 Ebd., S. 266, Nr. 298.
134 Strehlke S. 264 Nr. 296,
135 Vgl. Forstreuter, Deutscher Orden, S. 21.
136 Favreau, Frühgeschichte, S. 93.
137 Delaville, Le Roulx, Carulaire I. Nr. 862.

Die von Forstreuter angeführte zweite Urkunde von Papst Innozenz III. aus dem Jahre 1209 bezieht sich auf die Urkunde Coelestins III. von 1196 und bestätigt abermals die Privilegien. Somit kann auch diese Rechtsquelle nicht als Beweis dienen. Die dreifache Bestätigung der Privilegien zeigt, dass es über einen längeren Zeitraum Streit über Besitzungen und Rechte gegeben haben muss.

Ein weiteres Argument für die Annahme, dass das Deutsche Spital vor Akkon nicht von Anfang an den Namen „hospitale sancte Marie Theutonicorum in Jerusalem“[138] trug, ist die Tatsache, dass Innozenz III. in einigen Urkunden, so z. B. aus den Jahren 1210 und 1211,[139] einen anderen Titel benutzte, nämlich Hospital der Deutschen in Akkon. Und auch in der Urkunde von 1199, ebenfalls von Innozenz III. ausgestellt, findet sich lediglich der Name „hospitalis Theutonici“.[140] Forstreuter begründet dies damit, dass der Papst hier die geografisch richtige Adresse verwendet und nicht die amtliche.[141] Wie er zu diesem Schluss kommt, ist nicht nachzuvollziehen, denn in den Urkunden geht es nicht um Besitzungen oder Privilegien, die sich auf Akkon beziehen. In der Urkunde von Innozenz III. aus dem Jahre 1210[142] z. B. geht es um die Kleiderfrage, das Tragen der weißen Mäntel und den daraus entstehenden Konflikt mit den Templern. Gerade hier wäre es angebracht gewesen, den offiziellen Titel, also die amtliche Adresse, zu nennen. Abgesehen von den Papsturkunden finden sich auch in den Urkunden weltlicher Herrscher, besonders in den ersten Jahren der Entstehung des Deutschen Ordens vor Akkon, unterschiedliche Bezeichnungen wie z. B. „fratribus hospitalis sancte Marie Alamannorum“[143], „hopitalis Alamanorum de Acon“[144] oder „hospitali S. Mariae Theutonicorum in Accon“[145]. Eine der frühesten weltlichen Urkunden, in denen der Name „hospitali s. Mariae domus Theutonicorum in Ierusalem“ erstmals als Adressat verwendet wird, stammt aus dem Jahre 1220.[146]

138 Töppen, Narratio S. 221.
139 Strehlke S. 269, Nr. 299, S. 270, Nr. 301.
140 Ebd., S.
141 Forstreuter, Deutscher Orden S. 21.
142 Strehlke, S. 269, Nr. 299.
143 Ebd., S. 31, Nr. 39.
144 Ebd., S. 36, Nr. 45.
145 Ebd., S. 40, Nr. 48.
146 Ebd., S. 42 Nr. 52.

Die Untersuchung der Urkunden, welche an den Deutschen Orden vor Akkon gerichtet sind, hat gezeigt, dass es unterschiedliche Bezeichnungen gab und es anders als in der Narratio berichtet wird sich von Anfang „hospitale sancte Marie Theutonicorum in Jerusalem“ nannte. Die Bezeichnung mit Bezug auf Akkon findet sich unverhältnismäßig häufig in den Rechtsquellen.

Besonders in den ersten Jahren nach seiner Gründung musste der Deutsche Orden darum fürchten, erneut unter die Oberaufsicht der Johanniter gestellt zu werden, die sicherlich sofort ihre Ansprüche geltend gemacht haben. Es bestand kein Anlass darin, gleich zu Beginn eine Angriffsfläche für die Forderungen der Johanniter zu liefern, indem man sich dem Namen nach auf das alte Spital in Jerusalem bezog. Der Deutsche Orden hätte so früh keine Ansprüche stellen können, zum einen, weil er noch nicht als Orden durch die Kurie bestätigt und seine rechtliche Stellung ungewiss war, zum anderen, weil nicht einmal klar ist, ob das Alte Spital in Jerusalem überhaupt Besitzungen hatte und in welcher Form. Hinzu kam, dass die Hoffnung auf die baldige Eroberung Jerusalems schon im Jahre 1192 zerstört wurde, als der 3. Kreuzzug beendet war und Saladin sich mit Richard Löwenherz vertraglich so einigte, dass Jerusalem in den Händen der Muslime und die Küstenstädte in den Händen der Christen bleiben sollte.[147]

Die rechtliche Stellung des Deutschen Spitals vor Akkon war erst gefestigt, nachdem die Kurie und der Papst die Eigenständigkeit des Ordens anerkannten und die deutschen Brüder auch die nötige Unterstützung weltlicher Herrschaftsträger erhalten hatten.

Obwohl eine starke Konsolidierung des Deutschen Ordens stattfand, die Privilegien zunahmen und sie damit eine rechtliche Handhabe gegen die Anfeindungen der Johanniter besaßen, gab es in bis in die zweite Hälfte des 13. Jahrhunderts immer wieder Streitigkeiten zwischen den beiden Parteien. Erst mit dem Vertrag vom 9. Oktober 1258[148] kam es wegen der gemeinsamen Bedrohung durch die Mameluken zu einem Schlichtungsverfahren und die Streitigkeiten wurden vorerst niedergelegt.[149]

Dudik, der die älteste Abschrift der Narratio fand und veröffentlichte, datierte diese auf die zweite Hälfte des 13. Jahrhunderts[150], also die Zeit, in der die Gefahr, den Johannitern unterstellt zu werden, deutlich gemildert wurde.

147 Vgl. Runciman, Kreuzzüge S. 847.

148 Delaville, Le Roulx, Carulaire II., S. 859, Nr. 2902, sowie in: Strehlke S. 98, Nr. 116.

149 Forstreuter, Deutscher Orden S. 27.

150 Töppen, Narratio S. 220.

Es ist also wahrscheinlich, dass jetzt erst ein Nachtrag stattgefunden hat, nicht nur die Begründung der Namensgebung selbst, sondern die gesamte Textpassage betreffend der Titulierung des neuen Ordens.

Als Motiv für die Gründung des Feldspitals vor Akkon führt die „Narratio" neben der allgemeinen Not ausdrücklich das Fehlen anderer Spitäler im Lager an: „Nullum quidem hospitale infirmorum in exercito tunc temproris extitit, preter illud."[151].

Gegen diese Behauptung spricht die Tatsache, dass schon seit dem Beginn der Belagerung Akkons das Thomasspital nachweislich existierte.[152] Es handelte sich um einen Orden von Regularkanonikern, der zu Ehren von Thomas Becket in Akkon gegründet worden war.[153]

Der Chronist Ranulf von Dieceto berichtet Ende des 13. Jahrhunderts, sein eigener Kaplan Wilhelm habe das Gelübde abgelegt und sei erster Prior des Ordens gewesen. An die Thomaskapelle im Lager vor Akkon schloss sich direkt ein Friedhof an. Die Gemeinschaft, mit Wilhelm als Prior, widmete sich der Armenpflege sowie dem Begräbnis Gefallener und Gestorbener. Ebenso wie der Deutsche Orden betrieb auch diese Gemeinschaft später ein Spital in Akkon.[154]

Favreau geht davon aus, dass auch die Johanniter ein Spital im Lager betrieben, weil dies ihr übliches Geschäft gewesen sei und sie nur mit der Anwesenheit eines eigenen Spitals einen Vorstoß gegen die deutsche Neugründung unternehmen konnten.[155] Auch Prutz verweist auf die Existenz von Spitälern, die von Johannitern und Templern betrieben wurden, glaubt aber, dass die Deutschen dort nicht genug Pflege fanden. Er führt dies zurück auf die Schärfe der nationalen Gegensätze, die ein Zusammenwirken der vor Akkon vereinten Fürsten und Heere behinderten.[156]

Die Aussage der „Narratio", es habe kein anders Spital im Heer gegeben, bezieht sich womöglich nicht auf das gesamte Belagerungsheer, sondern nur auf die deutschen Teilnehmer, die einen eigenen Lagerplatz besaßen.[157]

151 Dudik, Münzsammlung S. 39.

152 Vgl. Favreau, Frühgeschichte S. 42.

153 Demurger, Ritter des Herrn S. 49.

154 Vgl. Favreau, Frühgeschichte S. 42; Radulf von Dieceto, Ymagines historiarum, ed. W. Stubbs. Bd. II, London 1876, S. 80–81; Röhricht, Geschichte S. 543, Anm. 7.

155 Favreau, Frühgeschichte S. 42.

156 Vgl. Prutz, Geistlichen Ritterorden S. 63.

157 Vgl. Arnold, Frühzeit S: 83; Tumler, Deutsche Orden S. 580, Anm. 1.

Das Feldspital selbst befand sich hinter dem St. Nicolai-Friedhof zwischen dem Berg Toron und dem Fluss Bellus: „retro in cimiterio sancti Nicolai inter montem, super quem sedit exercitus, et fluvium“[158], nordöstlich vor den Mauern der Stadt Akkon.[159]

Der Friedhof existierte bereits vor der Belagerung und wird in einer Urkunde des Bischofs von Akkon 1166[160] erwähnt. Eine Kirche, die als Basilika bezeichnet wird, befand sich ebenfalls dort.[161]

In der Gesta dei per Francos berichtet ein anonymer Schreiber „Rex cum exercitu reliquo montem proximum, quem vulgo Turonem dicunt, tentoriis figendis elegit“[162] und über die während der Belagerung ankommenden Kreuzfahrer „Accon igitur venientes, in loco, qui urbem et Turonem interiacet, castra metantur,“[163], also dort, wo das Hospital schon bestand. Nach dieser Quelle lagerten sich die Dänen, Friesen, Angeln und Flanderer ganz natürlich um das von ihren Stammesgenossen errichtete Spital.

Die zeitgenössischen Berichte und Quellen decken sich mit der Aussage in der „Narratio“ zur Beschreibung der Lage des Spitals und machen sie in diesem Punkt glaubwürdig. Von wem dieses Spital allerdings errichtet wurde und wer es anfangs betrieb, bleibt dennoch offen, da die Berichte diesbezüglich keine genauen Angaben machen.

---

158 „Narratio“ in: Perlbach, Statuten S. 159, Z. 8.

159 Zimmerling, Dieter, Der Deutsche Orden, Düsseldorf 1988, S. 28.

160 Regesta Regni Hierosolymitani 1097–1291, ed. Reinhold Röhricht, Bd.2 Additamentum, Innsbruck 1893–1904, (Nachdruck New York 1960), Nr. 372.

161 Favreau, Frühgeschichte S. 37.

162 Gesta dei per Francos, Orientalis Historiae Tomus Primus, Aubrius 1611, S. 1163.

163 Ebd., S. 1164.

2.2 Die Rolle der Bremer und Lübecker Bürger bei der Gründung

In der Ordenstradition, die sich auf die „Narratio" bezieht, sollen Bremer und Lübecker Bürger während der Belagerung Akkons ein Zeltspital aus einem Segel ihrer Kogge errichtet haben.[164] Dass diese Bürger großen Anteil an der neuen Stiftung hatten, wird in der Forschung nicht bezweifelt. Diese Aussage soll im Folgenden näher untersucht und einer kritischen Betrachtung unterzogen werden.

Die Sparenbergische Chronik, gegen 1550 niedergeschrieben, berichtet von den Lübecker und Bremer Bürgern, die sich zum Dank für ein vom Kaiser ausgestelltes Privileg am dritten Kreuzzug beteiligten.[165] Darin heißt es:

„Derhalven dachten se der woldath, rusteten uth 3 schepe dem keyser tho ehren, darmitt greve Carsten von Oldenborch was, ock Dennen, Friesen unde andere. De von Lubeck rusteden uth 24 borgers up diszen toch, darumme dat de keyser vor soeven jaren ore stadt by dat ryke hadde gebracht, unde woren beide de von Bremen unde Lubeck by greven von Holsten."[166]

Dieser scheinbar genaue Bericht behauptet also, die Bremer und Lübecker seien unter der Führung des Grafen Adolf von Holstein mit drei selbst ausgerüsteten Schiffen nach Akkon gefahren. Hubatsch behauptet zudem, dass die Gründung des Feldspitals ebenfalls mit Förderung des Grafen Adolf III. erfolgt sei.[167] Beide Behauptungen in Bezug auf den Grafen Adolf von Schauenburg-Holstein können nicht stimmen, denn zum einen reiste dieser mit dem Heer Friedrichs I. über Land[168] und zum anderen gelangte er nur bis

164 Narratio, SRP III S. 710.

165 Sparenbergische Chronik, Auszug in: Ehmck, D. R., Die Fahrt der Bremer und Lübecker nach Accon und die Stiftung des Deutschen Ordens, in: Bremisches Jahrbuch 2, 1866, S. 162 ff.

166 Ebd., S. 164, Z. 23–30.

167 Vgl. Hubatsch, Montfort S. 166.

168 Historia de expeditione Friderici imperatoris, ed. A. Chroust, MG. Scr. rer. Germ. N.S. 5, 1928, S. 20.

nach Tyrus.[169] Dort hatte er erfahren, dass Heinrich der Löwe in sein Land eingefallen war und hatte daraufhin die Heimreise angetreten.[170]

Er kann demnach nicht unmittelbar an der Gründung des Deutschen Spitals beteiligt gewesen sein. Tumler behauptet, der Graf Adolf III. von Schauenburg-Holstein habe vor seiner Rückkehr in die Heimat 1190 aus Tyrus dort einem Meister Sigebrand das Kommando über die Niederdeutschen übertragen.[171] Quellenbelege für diese Behauptung fanden sich nicht und auch ein Sibrandus findet sich nicht im Bremischen Urkundenbuch oder in dem der Stadt Lübeck.[172] Ob die Bürger der Städte Lübeck und Bremen tatsächlich, wie in der Sparenbergischen Chronik beschrieben, aus Dankbarkeit gegenüber dem Kaiser Schiffe ausrüsteten, ist schwer nachzuvollziehen und sicherlich nicht wörtlich zu nehmen.[173] Dennoch beschreibt diese Aussage die Verhältnisse in den Jahren um 1190 im Wesentlichen richtig. Lübeck und Bremen waren derzeit aufblühende Städte, wurden aber von ihren Landesherren in ihrer angestrebten Autonomie bedroht.[174] Heinrich der Löwe gründete 1158/59 das neue Lübeck[175] und sorgte für einen raschen Aufstieg. Friedrich I. räumte 1188 wichtige Privilegien ein, auf die sich später die Selbstständigkeit gründen sollte.[176] Nach dem Streit des Herzogs Heinrich mit Friedrich Barbarossa erhielt die Stadt im Jahre 1226 den kaiserlichen Schutz und machte somit den ersten Schritt auf dem Weg zu den Rechten einer freien Reichsstadt.[177]

Auch Bremen, das in seiner Autonomie vom Erzbischof Hartwig eingeschränkt wurde, erhielt 1186 wichtige Privilegien von Friedrich I.[178]

Beide Städte fanden den Schutz ihrer Rechte und Freiheiten beim Kaiser. Aus diesem Grunde werden die Bürger sich bei Angelegenheiten des Reiches erkenntlich gezeigt und Friedrich I. bei seinem Vorhaben, die Stadt Jerusa-

---

169 Ehmck, D. R., Die Fahrt der Bremer und Lübecker nach Accon und die Stiftung des Deutschen Ordens, in: Bremisches Jahrbuch 2, 1866, S. 164.

170 Vgl. Röhricht, Reinhold, Die Deutschen im Heiligen Lande, Innsbruck 1894, S. 74.

171 Vgl. Tumler, Deutsche Orden S. 25, Anm. 2.

172 Vgl. Favreau, Frühgeschichte S. 47.

173 Ehmck, D. R., Die Fahrt der Bremer und Lübecker nach Accon und die Stiftung des Deutschen Ordens, in: Bremisches Jahrbuch 2, 1866, S. 175.

174 Ebd., S. 175.

175 Dollinger, Philippe, Die Hanse, Stuttgart 1998, S. 36.

176 Ehmck, Bremer und Lübecker S. 175. Jahrbuch 2, 1866, S. 175.

177 Dollinger, Hanse S. 39.

178 Ehmk, Bremer und Lübecker S. 175.

lem zu erobern, unterstützt haben. An der Grundaussage der Sparenbergischen Chronik, dass die Lübecker und Bremer Bürger den Kreuzzug unterstützten, braucht also nicht gezweifelt werden.

In der Forschung zur Frühgeschichte des Deutschen Ordens sowie in der Ordenstradition selbst wird durchgängig davon ausgegangen, dass die Bremer und Lübecker Bürger die Gründer des Spitals waren.[179]

Für eine Klärung dieses Sachverhalts muss untersucht werden, wann und wie die Bremer und Lübecker Bürger Akkon erreichten und ob schon vor ihrer Ankunft ein Spital am Nicolai-Friedhof betrieben wurde. Die Belagerung der Stadt begann am 28. August 1189, als König Guido unverhofft vor den Mauern der Stadt Akkon auftauchte[180] und bereits am dritten Tag nach seiner Ankunft einen Handstreich gegen die Stadt versuchte, was aber angesichts der zahlenmäßigen Überlegenheit der Verteidiger misslang.[181] Spätestens jetzt wird es Verwundete und Tote gegeben haben, die versorgt oder beerdigt werden mussten. Nach dem misslungenen Versuch, die Stadt einzunehmen, schlug Guido von Lusignan sein Lager auf dem Berg Turon auf, etwa eine Meile östlich der Stadt am Ufer des Flusses Belus.[182] Wie im vorangehenden Kapitel beschrieben wurde, existierten bereits vor der Belagerung ein Friedhof und eine Kirche in der Nähe des Hügels.[183]

Radulf von Dieco behauptet, dass hier vor Beendigung der Belagerung innerhalb eines Jahres 120.000 Menschen bestattet worden sein sollen.[184] Auch wenn diese Zahl sicher zu hoch gegriffen ist, sagt sie doch etwas über die Wichtigkeit und Größe des Friedhofes aus. Favreau vermutet, dieser habe schon vor 1187 als Hauptfriedhof gedient, weil in der Stadt nicht genügend Platz vorhanden war.[185] Roger von Hoveden berichtet in seiner Chronik davon, dass im Oktober 1189 Schiffe angekommen seien, die anschließend sofort nach Apulien zurückkehrten, um neue Kreuzfahrer zu holen. Nur die deutschen und dänischen Schiffe verblieben in Akkon, um verbrannt zu wer-

179 Vgl. Favreau, Frühgeschichte S. 36; Hubatsch, Montfort S. 166; Dudik, Münzsammlung S. 42; Arnold, Frühzeit S. 83; Boockmann Hartmut, Der deutsche Orden. Zwölf Kapitel aus seiner Geschichte. München 1994, S. 28; Prutz, Geistliche Ritterorden S. 63; Tumler, Ursprung S. 7.

180 Vgl. Runciman, Kreuzzüge S. 795.

181 Vgl. Röhricht, Geschichte S. 902.

182 Vgl. Runciman, Kreuzzüge S. 795.

183 Vgl. Anm. 55.

184 Radulf von Dieco, Ymagines II. S. 81.

185 Vgl. Favreau, Frühgeschichte S. 37.

den.[186] Wenn diese Schiffe zerlegt worden sind, dann werden die Deutschen sicher auch alle anderen wichtigen Dinge, wie z. B. die Segel geborgen und weiterverwendet haben. Aus dem Holz der Schiffe machten sie Brennholz, die Balken und größeren Holzteile nahmen sie für den Bau von Waffen und Belagerungsgeräten und aus den Segeln machten sie Zelte.[187]

In diesem Punkt ist die „Narratio" glaubwürdig. Ob die Bremer und Lübecker Bürger allerdings in dieser bei Roger von Hoveden erwähnten Flotte anwesend waren, ist nicht sicher, denn in seiner Chronik berichtet er über ein Feldspital selbst nichts. Favreau sieht in der Tatsache, dass das Spital in Rogers Bericht keine Erwähnung findet, eine Bestätigung für die in der „Narratio" enthaltene Tradition. Eine Erklärung hierfür liefert sie nicht.

Die Behauptung der „Narratio", die Bürger hätten aus Barmherzigkeit ihre Schiffe geopfert, ist eine idealisierte Darstellung. Vielmehr spielten hier praktische Erwägungen eine wesentlich größere Rolle, denn die Schiffe, mit denen die Norddeutschen, Friesen und Dänen aus dem Ostsee- und Nordseeraum kamen, waren meist alt und nicht für die Fahrt durch das sehr salzige Mittelmeer geeignet. Die Außenhaut wurde von den besonders gefährlichen Infusorien der Bittersee stark angegriffen und man kam gerade noch bis Akkon. An eine Weiterfahrt war nicht zu denken.[188] Aus diesem Grunde fuhren besonders die Schiffe des Mittelmeerraumes von Italiens Häfen nach Akkon und zurück, um Nahrungsmittel, Proviant und Kreuzfahrer zu holen, während die dänische und friesische Flotte verbrannt wurde. Der in der Literatur häufig auftretende Hinweis darauf, dass die Schiffe in der „Narratio" fälschlicherweise als Koggen bezeichnet wurden, da es angeblich zu dieser Zeit diesen Schiffstyp noch nicht gegeben haben soll, ist so nicht richtig. Archäologische Funde haben belegt, dass bereits im 12. Jahrhundert Koggen existierten.[189]

Die Frage, wann und wie die Bremer und Lübecker Bürger ins Heilige Land kamen, ist aufgrund der dürftigen Quellenlage schwer zu ermitteln. Der Sparenbergischen Chronik zufolge rüsteten sie nur 3 Schiffe für die

186 Roger von Hoveden, Chronica, Bd. 3, S. 21.

187 Vgl. Braßat, Herbert, Die Teilnahme der Friesen an den Kreuzzügen ultra mare vornehmlich im 12. Jahrhundert. Beiträge zur Geschichte der deutschen Seefahrt im 12. Jhd., Dissertation, Berlin 1970, S. 223, Anm. 462.

188 Ebd., S. 116.

189 Vgl. Hoffmann, Gabriele, Die Kogge. Sternstunden der deutschen Schiffsarchäologie, Hamburg 2003, S. 268.

Fahrt ins Heilige Land aus.[190] Die Fahrt war lang und gefährlich und der Verdacht liegt nahe, dass sie sich deshalb einer größeren Flotte angeschlossen haben. Braßat hat in seiner Dissertation über die Teilnahme der Friesen an den Kreuzzügen im 12. Jahrhundert zwei große Flotten ermittelt, die aus dem Nordseeraum ins Heilige Land fuhren und bezeichnet sie als Alvar- und als Silverflotte.[191] Es ist schwierig, die genaue Herkunft der Teilnehmer zu ermitteln, denn die Chronisten können wir nicht nach der Nationalität, wie wir es nach unserem heutigen Verständnis tun würden, unterscheiden. So konnte man Dänen nicht von den Friesen unterscheiden, denn staatlich gesehen waren die Friesen Dänen, weil sie dem dänischen König unterstanden, nach ihrer Stammeszugehörigkeit allerdings Friesen[192]. Es gibt dennoch Hinweise darauf, dass Bremer und Lübecker sich der ersten Flotte, der sogenannten Alvarflotte, angeschlossen haben, um nach Akkon zu fahren.

Herbert Braßat vermutet, dass sich die Flotte hinter der Emsmündung vor der Insel Borkum sammelte.[193] Ähnlich wie die Bürger der Stadt Köln, die sich im Februar 1189 mit 4 Schiffen diesem Verband angeschlossen haben[194], werden sich auch die Bremer und Lübecker Bürger mit ihren Schiffen der Flotte angeschlossen haben. Dass sie anwesend waren, bezeugt ein Bericht in der „Narratio Itineris Navalis in Terram Sanctam„[195]. Sie erzählt davon, wie Bremer Bürger während der Reise ums Leben kamen, als sie bei einem Landgang auf zehn sarazenische Reiter trafen und von ihnen getötet wurden. Die Kreuzfahrer trugen sie anschließend zurück und bestatteten sie.[196] Die Flotte traf am 1. September 1189 vor Akkon ein[197], also genau zu dem Zeitpunkt, als Guido von Jerusalem die Stadt angegriffen hatte.[198] Spätestens mit der Ankunft der Flotte gab es deutschsprachige Kreuzfahrer im Lager, die ein Interesse an einem Spital im eigenen Lager gehabt haben könnten. Wenn also die in der „Naratio" beschriebenen Bürger Teilnehmer in dieser Flotte waren, dann ist es sehr wahrscheinlich, dass sie an der Gründung in irgendeiner

190 Vgl.. S. 7, Anm. 60.
191 Braßat, Friesen S. 87, S. 94.
192 Ebd. S. 84.
193 Ebd. S. 85.
194 Chronica regia Coloniensis, ed. Georg Waitz (MGH SSrG. 18), Hannover 1880, S. 140.
195 Narratio Itineris Navalis in Terram Sanctam, in: Quellen zur Geschichte des Kreuzzuges Kaiser Friedrichs I., ed. Chroust (MGH SSrG 5), Berlin 1928.
196 Narratio Navalis S. 183, Z. 12–18.
197 Braßat, Friesen S. 87, S. 95.
198 Vgl. S. 8, Anm. 74.

Form beteiligt waren. Ob sie nur die Segel für die Zelte hergaben oder ob sie sich aktiv um die Versorgung der Kranken und Verwundeten kümmerten ist allerdings nicht zu klären.

Wenn die Behauptung von Hubatsch stimmt und tatsächlich Brüder aus dem alten Spital von Jerusalem bei der Belagerung anwesend waren[199], um die Stadt aus den Händen der Ungläubigen zu befreien, dann ist es sehr wahrscheinlich, dass diese ihrer alten Aufgabe nachgegangen sind, Kranke und Verletzte im Heer zu versorgen. Eine Kooperation zwischen den Brüdern des alten Spitals in Jerusalem und den Bremer bzw. Lübecker Bürgern ist in diesem Falle denkbar und erscheint sinnvoll. In Bezug auf die Versorgung von Kranken und Verletzten hatten die Brüder des Spitals wesentlich mehr Erfahrung. Prutz ist zu demselben Schluss gelangt, nämlich, dass die Bremer und Lübecker Bürger die Segel ihrer Koggen für die Errichtung eines Zeltspitals hergaben und die Pflege von den dienenden Brüdern des ehemaligen deutschen Hospitals übernommen wurde.[200]

Glaubt man dem Bericht, den die Gesta Die Per Francos Tom. II. liefert, dass die Dänen, Friesen, Angeln und Flanderer sich ganz natürlich um das von ihren Stammesgenossen errichtete Feldspital lagerten, also dort, wo das Hospital schon bestand[201], dann würde es voraussetzen, dass die Bremer und Lübecker sehr früh in Akkon angekommen waren und ein Spital errichtet hatten.

Röhricht glaubt sogar, die Namen dieser Personen zu kennen, die an der Gründung beteiligt waren: Joh. Crispin als Hauptmann, Bertram von der Wissel, Heinrich von Bardewieck, Elias Rütze, Meyno Bartlune, Dietrich Vorrad, Albrecht Rode, Heinrich von Bockholt und Friedrich von Nusse[202]. Weiterhin behauptet er, dass insgesamt 400 Bremer und Lübecker Bürger vor Akkon anwesend gewesen seien sollen, und die namentlich genannten Personen später die Ratsherren von Lübeck geworden sind[203].

Seine Quellen verschweigt er und er liefert auch keine weiteren Beweise. Auffallend ist die Ähnlichkeit des Namens Joh. Crispin, den Röhricht als Hauptmann bezeichnet, und der sich in den Lübischen Geschichten wieder-

199 Vgl. Hubatsch, Montfort S. 166.

200 Prutz, Geistlichen Ritterorden S. 63.

201 Gesta die per Francos, Orientalis S. 1163; Vgl. Dudik, Münzsammlung S. 42, Anm. 2.

202 Reinhold, Röhricht, Geschichte der Kreuzzüge, Berlin, 1878, S. 339

203 Ebd., S. 339.

findet, allerdings als ein so genannter Segebade Crispin, der ein Mitbegründer des Spitals vor Akkon und Bürgermeister der Stadt Lübeck gewesen sein soll.[204]

Welche Personen genau an der Gründung des Spitals beteiligt waren und wer die Leitung bis zur Ankunft des Herzogs Friedrich von Schwaben übernommen hatte, ist bis heute umstritten. In einer Urkunde des König Guido von Mitte September 1190 wird ein gewisser Sibrandus erwähnt und als Begründer des Feldspitals bezeichnet.[205] An ihn, als Vertreter des Deutschen Spitals vor Akkon, wird ein Schenkungsversprechen gemacht. In der „Narratio" wird nichts von einem Sibrandus berichtet und er findet auch in der späteren Ordenstradition keinen Platz.[206] Die Urkunde König Guidos von 1190 wird von Favreau dennoch als echt eingestuft und eine Fälschung ausgeschlossen.[207] Über die Herkunft der Person selbst gibt es unterschiedliche Ansichten. Hubatsch ist der Überzeugung, dass der erste Leiter des neuen Spitals, Meister Sigebrant, ebenso wie Heinrich Walpot, der 1198 erster Meister des Deutschen Ritterordens werden sollte, aus dem Deutschen Spital zu Jerusalem kamen[208]. Bei dieser Aussage stützt er sich auf Forstreuter, der den Sibrandus als den Spitalbruder Severin identifiziert, welcher in einer Urkunde an das alte Spital zu Jerusalem im Jahre 1186[209] erwähnt wird.[210]

Im Gegensatz zu Forstreuter und Hubatsch, die sich in ihrer Argumentation auf diese Urkunde berufen, hat Strehlke Zweifel an seiner Echtheit[211], ebenso wie Mayer, der sie eingehender untersuchte und der sie einwandfrei als Falsifikat einstufte.[212]

204 Deecke, Ernst, Lübische Geschichten und Sagen, Lübeck 1852, S. 24–25.

205 Strehlke S. 22, Nr. 25: Hoc autem donamus et concedimus per manum magistri Sibrandi, qui hoc hospitale incepit et edificavit.

206 Vgl. Arnold, Frühzeit S. 84.

207 Favreau, Frühgeschichte S. 47.

208 Hubatsch, Montfort S. 166, sieht die Identität der Person Walpot und die des Spitals als gesichert an.

209 Strehlke S. 18, Nr. 20.

210 Forstreuter, Deutscher Orden S. 22, Die lateinische Form Severinus, in der Urkunde von 1186, ist für ihn eine Verschreibung des Namens Sibrand.

211 Strehlke hält sie in seiner Anmerkung zu Nr. 20, S. 18, für unecht.

212 Mayer, H. E., Marseilles Levantehandel und ein akkonesisches Fälscheratelier des 13. Jahrhunderts, Tübingen 1971, S. 147.

Andere sehen in Sibrand den Führer der Niederdeutschen[213], der später aber zurückgetreten sei[214] und deshalb in anderen Quellen keine Erwähnung findet.

Favreau hält diese Behauptungen für reine Spekulationen, die nicht zu belegen seien.[215] An der Person Sibrandus als Leiter des Spitals ist aufgrund der Echtheit der Urkunde von 1190 dennoch nicht zu zweifeln.[216]

Spätestens mit dieser Schenkungsurkunde König Guidos wird deutlich, dass das Deutsche Hospital nicht nur eine zwischenzeitliche Hilfseinrichtung für das Belagerungsheer darstellte, sondern zu einer dauerhaften Institution werden sollte. Noch vor der Ankunft des Deutschen Landheeres unter dem Herzog Friedrich von Schwaben schenkte König Guido von Jerusalem dem „hospitali Alamanorum, quod es hedificatum in honore et gloriose semperque virginis Marie“[217] das Hospital der Armenier in der Stadt Akkon oder ersatzweise ein Haus daneben.

Mit der Übernahme eines bereits bestehenden Hospitals wurde das neugegründete deutsche Spital zu einer festen Institution in der Stadt.

Der eigentliche Gründungsvorgang der deutschen Hospitalgemeinschaft vor Akkon kann damit als abgeschlossen betrachtet werden. Einen Orden darf man in ihr allerdings noch nicht sehen.[218]

Die Grundaussage der „Narratio“, dass Lübecker und Bremer Bürger einen großen Anteil an der Gründung des Spitals vor Akkon hatten und hierfür das Segel eines Ihrer Schiffe opferten, ist glaubwürdig. Man kann die Bürger allerdings nicht mit Sicherheit als Gründer bezeichnen, so wie es die Ordenstradition macht, da nicht nachzuweisen ist, von wem die Initiative für die Errichtung des Feldspitals ausging; von den Bürgern oder den Brüdern des alten Hospitals.

---

213 Tumler, Deutsche Orden S. 25, Anm. 2, behauptet Graf Adolf III. von Holstein habe vor seiner Rückkehr in die Heimat von Tyrus 1190, einem Meister Sigebrand das Kommando über die Niederdeutschen gegeben.

214 Forstreuter, Deutscher Orden S. 22.

215 Favreau, Frühgeschichte S. 47.

216 Arnold, Frühzeit S. 84.

217 Strehlke, S. 22, Nr. 25, Z. 7–8.

218 Arnold, Frühzeit, S. 84.

2.3 Ordenserhebung 1198 und Legitimation durch die Kirche

Bis zur Ankunft des Herzogs Friedrich von Schwaben in Akkon am 7. Oktober 1190[219], blieb das Feldspital unter bremischer und lübischer Leitung.[220]

Der Angehörige des staufischen Kaiserhauses zeigte sofort nach seinem Eintreffen großes Interesse an der Neugründung[221], übernahm das Spital und gab ihm eine feste Organisation, indem eine Bruderschaft von Laien gegründet wurde, die es betreiben sollte.[222]

Laut Sonthofen habe der Herzog sofort mit König Guido von Jerusalem über ein Abkommen zur Übernahme eines Grundstückes in Akkon verhandelt.[223] Dem kann aber nicht so gewesen sein, da das Deutsche Spital bereits in der Schenkungsurkunde von Mitte September 1190[224] ein Haus in der Stadt Akkon zugewiesen bekommen hatte, also zeitlich gesehen, vor der Ankunft des Herzogs.

Die Narratio berichtet, Friedrich von Schwaben habe das „hospitale cum omnibus elemosinis...“[225] von den Bremer und Lübecker Bürgern übernommen und seinem Kaplan Konrad sowie dem Kämmerer Burchard übergeben. Diese beiden entsagten daraufhin der Welt, traten in ein geistliches Leben ein, indem sie die Profess ablegten und begannen mit dem Spital.[226] Dudik sagt, dass die ersten Traditionen des Ordens sogar den genauen Stiftungstag zu kennen glauben, nämlich den 19. November 1190[227].

Begründet wird die Übergabe des Spitals an den Herzog in der Narratio wie folgt: „Tandem Tandem cum predicti cives Bremenses et Lubecenses patriam suam revisere intenderent, ...“[228].

219 Mayer, Hans Eberhard, Geschichte der Kreuzzüge, Berlin 1985, S. 129.
220 Favreau, Frühgeschichte S. 37.
221 Favreau, Frühgeschichte S. 37.
222 Vgl. Boockmann, Hartmut, zwölf Kapitel S. 28.
223 Sonthofen, 800 Jahre Geschichte S. 21.
224 Strehlke S. 22, Nr. 25, das Datum der Urkunde lautet „1190 medio septembri“.
225 Narratio, in: Perlbach, Statuten S. 159, Z. 24.
226 Vgl. Arnold, Frühzeit S. 85.
227 Dudik, Münzsammlung S. 45.
228 Narratio, in: Perlbach, Statuten S. 159, Z. 22.

Ab welchem Zeitpunkt die Bremer und Lübecker Bürger daran dachten, nach Hause zurückzukehren oder ob sie nur die Ankunft des deutschen Heeres abwarteten, ist unklar.[229]

Die genannten Personen Burchard und Konrad sind nicht zu identifizieren[230], und auch eine gründliche Untersuchung Favreaus führte zu keinem Ergebnis.[231]

Arnold zweifelt an der Existenz dieser beiden Personen und sieht darin eine Tendenz der Narratio, nämlich den Orden bereits in der Entstehungszeit eng mit dem Stauferhause in Verbindung zu bringen.[232]

Herzog Friedrich von Schwaben unterstütze die deutsche Neugründung und bat seinen Bruder König Heinrich VI, bei Papst Cölestin III. die Bestätigung des Spitals zu erwirken.[233] Cölestin genehmigte 1191[234] die religiöse Gemeinschaft, der nicht einmal der Platz gehörte, auf dem das Zeltspital stand.[235] Obwohl sich Heinrich VI. für die neue Gemeinschaft nachdrücklich beim Papst einsetzte, erteilte Cölestin vorerst keine neuen Privilegien, da es zu Differenzen zwischen den beiden kam.[236] Zur endgültigen Exemtion, also der Befreiung von bischöflichen Befugnissen sowie der freien Wahl des Vorstehers, kam es dann am 21. Dezember 1196 durch Papst Cölestin III[237].

Mit dieser Exemtion wurde innerhalb von nur wenigen Jahren 1189/90 bis 1196 aus einer kleinen Spitalbruderschaft ein Orden mit festen Organisationsstrukturen. Daran lässt sich ebenfalls erkennen, dass größere politische Interessen hinter diesem Vorgang gestanden haben müssen. Auch die vorhandenen Strukturen bereits bestehender Orden, wie die der Johanniter und der Templer, an denen sich der Deutsche Orden orientieren konnte, waren ein Grund für seine rasche Entwicklung.[238] Schon bei der Gründung sollen sich, der Narratio zufolge, Burchard und Konrad an der Johanniterregel

229 Dudik, Münzsammlung S. 42 behauptet dass sich die Männer aus Lübeck und Bremen schon nach dem Tode, also nach dem 10. Juni 1190, zur Abreise anschickten.

230 Vgl. Arnold, Frühzeit S. 85.

231 Favreau, Frühgeschichte S. 47.

232 Arnold, Frühzeit S. 85.

233 Arnold, Frühzeit S. 89.

234 Strehlke S. 263, Nr. 295.

235 Vgl. Dudik, Münzsammlung S. 46.

236 Papst Cölestin III. betrachtete die Übernahme Siziliens mit Argwohn und verzögerte anfänglich die rasche Krönung des Staufers vgl. Hartman, Kaiser S. 299.

237 Strehlke S. 264, Nr. 296.

238 Vgl. Boockmann, Zwölf Kapitel S. 24 kommt zu dem selben Schluss.

orientiert haben[239]. Allgemein wird allerdings angenommen, dass sich der Deutsche Orden nach der Regel des heiligen Augustin richtete[240]. Beide Behauptungen schließen sich nicht gegeneinander aus, da die Johanniterregel in großen Teilen der Regel das Heiligen Augustin zugrunde liegt[241].

Der Herzog Friedrich von Schwaben starb am 25. März 1191[242] und war nicht mehr anwesend, als die Stadt Akkon nach langer Zeit der Belagerung, am 12. Juli 1191[243], in die Hände der Christen fiel. König Guido konnte sein Versprechen, das er 1190[244] an das Deutsche Spital gemacht hatte nämlich, das Haus der Armenier zu übernehmen nicht einlösen. Mehrere Gründe können dafür eine Rolle gespielt haben. Womöglich stand König Guido die Verteilung der Beute nach der Eroberung Akkons nicht mehr frei, da sie von den abendländischen Königen durchgeführt wurde.[245] Vielleicht kehrten auch die Brüder des armenischen Hospitals wieder in die Stadt zurück und machten ihre alten Ansprüche geltend. Sieben Monate nach der Eroberung, im Februar 1192, wird jedenfalls noch die Straße des Hospitals der Armenier in einer Urkunde erwähnt.[246]

Ersatzweise hatte König Guido eine „Terra", also ein Stück Land neben dem armenischen Hospital, in Aussicht gestellt. Doch auch dieses Vorhaben ließ sich nur schwerlich realisieren, weil ein gewisser Femianus und seine Gattin Dulcis Ansprüche auf dieses Land erhoben[247].

Aus der Urkunde vom 10. Februar 1192 geht hervor, dass die ursprüngliche Schenkung in einen Verkauf umgewandelt wurde. Aus seinem Almosenvermögen bezahlte das Deutsche Spital 500 Byzantiner und ein Pferd an König Guido[248]. Dass das Spital zu diesem Zeitpunkt schon viele Zuwendungen

239 Narratio, in: Perlbach, Statuten S. 159, Z. 26.

240 im Gegensatz zur Benediktinerregel eignete sich die Regel des hl. Augustin für diejenigen, die in der Welt lebten und handelten und kam den Aktivitäten geistlicher Ritterorden entgegen vgl. Demurger, Ritter des Herrn S. 89.

241 Vgl. Dudik, Münzsammlung S. 43, Anm. 1.

242 Ehmck, Bremer und Lübecker S. 162.

243 Hubatsch, Montfort S. 168; Ehmck verlegt den Todestag des Herzogs von Schwaben auf den 20. Januar 1191vgl. Ehmck, Bremer und Lübecker S. 162.

244 Strehlke S. 22, Nr. 25

245 Roger von Hoveden, Chronica 3 S. 121–123; vgl. Favreau, Frühgeschichte S. 44.

246 Strehlke S. 23, Nr. 27.

247 Vgl. Favreau, Frühgeschichte S. 45.

248 Strehlke, S. 23, Nr. 27.

erhalten hatte und nicht mehr so arm war, wie es später dargestellt wurde, zeigt die hohe Summe, die sie bereitwillig zahlten.

Der Narratio zufolge befand sich das Grundstück in der Nähe des Nikolaitors, also dem Tor, das dem Nikolaifriedhof vor der Stadt am nächsten war. Innerhalb der doppelten Mauer kauften die Brüder des Feldspitals einen Garten und errichteten eine Kirche, ein Spital und andere für sie notwendige Häuser, wo sie unter der Führung eines Klerikers Armen- und Krankenpflege weiterführten[249]. Die Ortsangabe der Narratio deckt sich mit der Aussage, den die Urkunde von 1192 diesbezüglich macht, „que extenditur ad portam sancti Nicolai“[250]. Sie wird noch genauer und beschreibt:

Von den beiden Aufgängen des durchbrochenen Turm bis zur öffentlichen Straße, welche nach dem St.-Nikolaus-Tor führt, von da die Straße hinauf bis zur Gasse und dem Hof des Hospitals der Armenier, von dieser Gasse bis zur Stadtmauer bis zu den vorher erwähnten Aufgängen[251]

Ähnlich wie die Templer und Johanniter, Venezianer, Genuesen und Pisaner[252] hatten nun auch die Deutschen Brüder ein festes Quartier und ihren Hauptsitz in der Stadt Akkon errichtet. Den in der Urkunde erwähnten Turm teilten sich die deutschen Brüder mit dem Thomasspital, das ebenfalls während der Belagerung entstanden war und von Richard Löwenherz gefördert wurde.[253]

249 Narratio, in Perlbach Statuten S. 159 Z. 38 ff und S. 60 Z. 1. „Capta autem civitate Accon fratres dicte domus infra muros eiusdam civitatis ante portam sancti Nicolai ortum emerunt, quadam eius parte ipsis a quibusdam fidelibus in elemosinam elargita, in quo ecclesiam, hospitale aliasque mansiones eorum usibus necessarias estruxerunt, ubi regi regum devote famulantes infirmis et pauperibus continua caritatis solacia plena cordis dulcedine ministrabant, clerico tunc temporis eiusdem domus magisterium et regimen optinente“

250 Strehlke S. 23, Nr. 27 Z. 9 f..

251 Teile der Urkunde in deutscher Übersetzung, in: Zimmerling, Deutscher Orden S. 29, Z. 32–37.

252 Die Venezianer,Genuesen und Pisaner hatten ihr Quartier direkt am Meer, ebenso wie die Templer. Das Haus der Johanniter befand sich ganz in der Mitte der Stadt, vgl. Benninghoven, Friedrich, Unter Kreuz und Adler. Der Deutsche Orden im Mittelalter. Ausstellungskatalog, Berlin 1990, S 25.

253 Vgl. Forstreuter, Deutscher Orden S. 218.

Nach den anfänglichen Schwierigkeiten entwickelte sich der Besitz in der Stadt stetig aufwärts und führte allmählich zur Ausprägung einer festeren Organisationsstruktur. Nur so waren die anwachsenden Aufgaben zu bewältigen.

So verlieh Heinrich von Champagne 1193 dem Deutschen Spital den am Nikolaustor gelegenen Teil der Befestigungsanlagen mit Außenwerk, Türmen, Mauern und Graben, an dem es auch die Reparaturarbeiten durchführen sollte.[254]

Zu diesem Zeitpunkt hatten die Deutschen Brüder noch nicht die Verteidigung des Mauerabschnittes übernommen.[255]

Die wirtschaftliche Bedeutung des Deutschen Spitals nahm in den Jahren von 1193 bis 1197 stark zu und der Besitz vergrößerte sich.[256] Infolge der neuen militärischen Aufgaben und der Verleihung bestimmter Privilegien zeichnete sich die Umwandlung des Spitals zu einem Ritterorden sehr früh ab.

In der Tatsache, dass der Prior Heinrich, also ein Geistlicher, 1195 von einem Laien, dem Magister Ulrich, in der Leitung des Spitals abgelöst wurde, sieht Arnold ein Zeichen für den fortschreitenden Militarisierungsprozess[257].

Die Militarisierung der Gemeinschaft spielte sicher auch in den Mittelmeerplänen Kaiser Heinrichs VI., der im Mai 1195[258] das Kreuz nahm, eine große Rolle[259]. Er hatte bereits im Voraus deutsche Kontingente von Kreuzfahrern ins Heilige Land entsandt[260], die mit ihrer Ankunft am 22. September 1197[261] die Bedeutung des Deutschen Spitals erhöhten.

Mit dem frühen Tod Kaiser Heinrichs VI. am 28.09.1198[262], erlitt die staufische Politik nicht nur in Italien und Deutschland einen tiefen Einbruch, sondern auch im Heiligen Land[263].

Die Nachricht vom Tod des Kaisers erreichte das Heer erst sehr spät, frühestens Ende November, und beendete damit den Kreuzzug.[264]

---

254 Strehlke S. 24, Nr. 28

255 Vgl. Sarnowsky, Jürgen, Der Deutsche Orden, München 2007, S. 15.

256 Vgl. Favreau, Frühgeschichte S. 59.

257 Vgl. Arnold, Frühzeit S. 96.

258 Hartmann, Kaiser S. 303,

259 Vgl. Górski, Karol, L'ordine teutonico. Alle origini dello stato prussiano, Torino 1971. S. 15.

260 Vgl. Sarnowsky, Deutsche Orden S. 15

261 Vgl. Röhricht, Geschichte S. 64.

262 Hartmann, Kaiser S. 304.

263 Vgl. Boockmann, Zwölf Kapitel S. 28.

264 Vgl. Favreau, Frühgeschichte S. 64.

Im Februar 1198 sammelten sich dann viele Kreuzfahrer in den Hafenstädten Tyrus und Akkon, um von hier aus mit Schiffen ihre Heimreise anzutreten.[265]

Einige deutsche Ritter beschlossen allerdings, nicht sofort nach Deutschland zurückzukehren und gliederten sich dem Deutschen Spital ein. Ähnlich wie ein Jahrhundert zuvor beim St. Johannes-Hospital wurden Ritter in die Organisation aufgenommen, welche die Institution militarisierten.[266]

Im März 1198 fand in Akkon eine Versammlung von hohen palästinensischen Geistlichen und vornehmen deutschen Kreuzfahrern statt, die den Papst in einer Bittschrift baten, die bisher nur mit der Spitalpflege betraute Bruderschaft, nun auch mit dem Heidenkampf zu beauftragen.[267]

In der Ordensüberlieferung, der Narratio de primoriis ordinis Theutonici, wird ausführlich von den Ereignissen berichtet sowie die Namen aller Personen, die bei dieser Versammlung anwesenden gewesen sein sollen, genannt.[268] Sie legten fest, dass der neue Ritterorden hinsichtlich der Armen- und Krankenpflege die Johanniterregel beibehalten sollte und in Bezug auf den Heidenkampf die Templerregel für die Kleriker, Ritter und sonstigen Brüder.[269] Heinrich Walpot, der in der Narratio als Hermann bezeichnet wird, war ein Bruder des Deutschen Hospitals in Akkon und wurde zum neuen Meister des Ritterordens bestellt.[270]

Glaubhaft in der Narratio ist, dass eine Versammlung stattgefunden hat, in der dem Deutschen Spital zu der schon gebräuchlichen Johanniterregel die Templerregel verliehen wurde. Das wird auch in einer Urkunde deutlich, die Papst Innozenz 1199 ausstellte[271]. Darin bestätigt er dem Deutschen Spital die Entscheidung, welche auf der Versammlung getroffen wurde, nämlich die Annahme der Templer-und Johanniterregel, und stellt die neue Gemeinschaft unter seinen Schutz. Beide Aufgabenbereiche standen anfangs sicher

265 Vgl. über die Vorgänge im Heiligen Land in den Jahren 1197/98 bei Röhricht, Geschichte S. 669–677.

266 Vgl. Runciman, Kreuzzüge S. 873.

267 Vgl. Boockmann, Zwölf Kapitel S. 29.

268 Narratio, in: Perlbach, Statuten S. 160 Z.14–25.

269 Narratio, in: Perlbach, Statuten S. 160 Z. 10–12.

270 Narratio, in: Perlbach, Statuten S. 160 Z. 27–29: quendam fratrem Hermannum nomine, qui cognomibatur Walpoto et frater erat eiusdem domus, in eodem loco magistrum fecerunt, cui magister Templi dedit regulam ordinis milicie Templi scriptam deinceps in eadem domo servandam.

271 Strehlke S. 266, Nr. 197.

gleichberechtigt nebeneinander und der Deutsche Orden hatte nun seinen Platz zwischen den Johannitern und Templern zugewiesen bekommen.[272]

Damit wurde die neue Gemeinschaft zu einem Orden und durch die Bulle von Honorius III. am 8. Dezember 1216[273] auch den beiden anderen Ritterorden rechtlich gleichgestellt.

Mit einer weiteren Urkunde, ausgestellt am 9. Februar 1221, ebenfalls durch Papst Honorius III.[274], erhielt der Deutsche Orden dann auch noch sämtliche Freiheiten, Immunitäten und Indulgenzen, welche den Johannitern und Templern bisher von der Kirche gewährt worden waren. Die damit endgültig vollzogene Gleichstellung der drei Orden verhinderte allerdings nicht das zeitweilige Entbrennen des erbitterten Streites untereinander, der sich aus dem Konkurrenzdenken ergab.[275]

Die Erhebung des Deutschen Ordens zu einem Ritterorden bedeutet einen wichtigen Schritt in der Entwicklung der Gemeinschaft, denn jetzt waren die Brüder nicht mehr nur von Almosen abhängig, sondern konnten aktiv ins Kriegsgeschehen eingreifen und Ansprüche auf erobertes Land machen. Ohne diese Voraussetzung wäre die spätere Politik in Preußen und die Errichtung eines eigenen Ordensstaates nicht möglich gewesen.

Trotz des erweiterten Aufgabenfeldes, dem aktiven Heidenkampf, blieb die Armenfürsorge und Krankenpflege immer ein wichtiger Bestandteil des Deutschen Ordens. Das wird z. B. am Krieg gegen Ägypten 1217–19[276] deutlich, an dem der Deutsche Orden aktiv beteiligt war und gegen die Ungläubigen kämpfte. Anerkennung erhielt er jedoch nicht für seine kämpferischen Taten, sondern für seine Leistungen in der Krankenpflege, als der Kreuzzug scheiterte und das Elend über die Kreuzfahrer hereinbrach.[277]

Die Kreuzfahrerstaaten waren von feindlichen Nachbarn umgeben, es gab ständig neue Konflikte, da man aus ideologischen Gründen zu keinem dauerhaften Frieden kommen konnte.[278] Es herrschte zudem eine notorische Knappheit an kampfbereiten Männern, denn die Kreuzfahrerheere hielten

272 Vgl. Arnold, Frühzeit S. 96.

273 Strehlke S. 272, Nr. 303.

274 Strehlke S. 281, Nr. 309.

275 Vgl. Prutz, Geistlichen Ritterorden S. 109.

276 Vgl. Mayer, Kreuzzüge S. 195 ff.

277 Vgl. Prutz, Geistlichen Ritterorden S. 66.

278 Riley-Smith, Jonathan, Peace Never Established. The Case of the Kingdom of Jerusalem, Transactions of the Royal Historical Society, 5th series, London 1978, S. 87–102, hat dies in seinem Aufsatz ausführlich dargestellt.

sich meist nur zeitlich begrenzt im Heiligen Land auf. Aufgrund ihrer Rekrutierungsmöglichkeiten konnten die Ritterorden dem etwas entgegenwirken und wurden zu einer festen Instanz, einer Art stehendem Heer.[279]

Neben den bestehenden großen Orden, wie den Templern und Johannitern, übernahm nun auch der Deutsche Orden diese Aufgaben und eröffnete sich dadurch ein weiteres Betätigungsfeld.

279 Burgtorf, Jochen, Die Ritterorden als Instanz zur Friedenssicherung?, in Jaspert, Nikolas (Hg.), Jerusalem im Hoch- und Spätmittelalter. Konflikte und Konfliktbewältigung, Frankfurt 2001, S. 166f.

3 Aufstieg und Konsolidierung des Spitals Sankt Marien der Deutschen zu Jerusalem

3.1 Die Statuten und das Leben in der Gemeinschaft

Nach 1198, dem Akt der Erhebung zum Ritterorden, bildete sich die für Jahrhunderte tragende Struktur des Deutschen Ordens heraus.

Die dafür wesentlichen Quellen bilden zum einen die urkundlichen Überlieferungen, zum anderen die Statuten des Ordens. Die Regeln des Deutschen Ordens sind in ihrer Originalfassung nicht mehr erhalten, finden sich aber in späteren Abschriften wieder, in lateinisch, deutsch, niederländisch und französisch.[280]

Arnold und Sterns haben ermittelt, dass diese in verschiedenen Handschriften erhaltene Fassung zwischen 1244 und 1249 entstand.[281] Da der Begriff *statutum* schon 1221[282] in einer Urkunde an den Deutschen Orden auftaucht, ist davon auszugehen, dass es bereits eine ältere Fassung bezüglich der Regeln gab. Es ist unwahrscheinlich, dass der Deutsche Orden seit seiner Erhebung 1198 fast fünf Jahrzehnte das verordnete Provisorium: für den Hospitalbereich die Johanniterregel, für den Militärdienst die Templerregel, beibehielt. Vielmehr ist davon auszugehen, dass die deutschen Brüder so früh wie möglich begonnen hatten, eigene Statuten zu erarbeiten, um dem Orden eine feste Struktur zu geben. [283] Die Urkunde von Papst Innozenz III.[284], in der er die Annahme der Regeln für den Deutschen Orden in Anlehnung an die Templer und Johanniter bestätigt, ist ein Beweis für die frühe Her-

280 Perlbach, Statuten, hat die verschiedenen Abschriften ausführlich analysiert und die französische Übersetzung der Statuten parallel mit dem lateinischen Text, dem holländischen und dessen deutscher Bearbeitung sowie die niederdeutsche Lesart veröffentlicht.

281 Vgl. Sterns, Indrikis, The Statutes of the Teutonic Knights. A Study of Religious Chivalry, Diss. Univerity of Pennsylvania 1969; dazu Arnold, Frühzeit S. 89.

282 Strehlke S. 280, Nr. 308.

283 zu diesem Schluss kommt auch Arnold, Frühzeit S. 98.

284 Strehlke S. 266, Nr. 297.

ausbildung fester Strukturen. Der Deutsche Orden bildete die organisierte Form einer Gemeinschaft laut Regeln, die im Prinzip bestimmte Vorbilder des christlichen Zusammenlebens realisierten.[285]

Aufgrund der vielen unterschiedlichen Abschriften, die sich nicht nur in ihrer Sprache, sondern auch in ihrem Inhalt unterschieden, beschloss der Großmeister Konrad von Erlichshausen auf dem großen Kapitel zu Marienburg 1442, sämtliche Statuten durchzusehen und in einem Buch zusammenschreiben zu lassen. Im selben Jahr wurde es unter dem Namen „Neues Ordensbuch“ fertig gestellt.[286] Dieses Exemplar wurde in Königsberg vom Archivar Ernst Henning gefunden und 1806, nach dem Original, mit einigen erläuternden Anmerkungen herausgegeben.[287] Ein weiteres mittelhochdeutsches Exemplar stammt aus dem Anfang des 14. Jahrhunderts und wurde im Wiener Deutschordens- Zentralarchiv 1847 von Ottmar Schönhuth[288] gefunden und editiert.

Pichon geht davon aus, dass diese Ordensregel inhaltlich identisch ist mit der, die Hermann von Salza in seiner Amtszeit als vierter Hochmeister 1230 anfertigen ließ[289].

Mit Sicherheit kann man sagen, die von Henning aufgefundenen Statuten sind dieselben, wie die Regeln, welche bereits im Jahre 1326 existierten, als Peter von Dusburg einen großen Teil dieser Statuten in seiner Chronik niederschrieb[290]. Nur zu den Gesetzen sind später neue hinzugefügt worden, die Gewohnheiten jedoch sind schon in Palästina aufgesetzt worden.[291]

Die Echtheit des Codex, welcher auf 160 Blättern sehr weißen Pergaments geschrieben ist, hat Henning in seiner Einleitung nachgewiesen.[292]

---

285 Vgl. Samsonowicz, Henryk, Der Deutsche Orden und die Hanse, in: Joseph Fleckenstein und Manfred Hellmann, Die Geistlichen Ritterorden Europas. Vorträge und Forschungen, Sigmaringen 1980, Band XXVI, S. 317.

286 Pichon, F. A., Denkmäler der deutschen Sprache. von der frühen Neuzeit bis jetzt. Eine vollständige Beispielsammlung zur Geschichte der deutschen Literatur, Berlin 1840, S. 253.

287 Die Statuten des Deutschen Ordens. nach dem Originalexemplar, ed. Dr. Ernst Henning, Königsberg 1806.

288 Das Ordensbuch der Brüder vom Deutschen Hause St. Marien zu Jerusalem. nach einer Pergamenturkunde des 13. Jahrhunderts. ed. Ottmar F. H. Schönhuth, Heilbronn 1847.

289 Vgl. Pichon, Denkmäler S. 253..

290 Petri De Dusburg, Chronica Terre Prussie, ed. Scholz Klaus, Darmstadt 1984.

291 Vgl. Pichon, Denkmäler S. 253.

292 Henning, Statuten S. 3.

Bei dieser Vielzahl verschiedener Handschriften ergibt sich die Frage, in welcher Sprache die ältesten Statuten des Deutschen Ordens ursprünglich abgefasst worden sind.

Ebenso wie Perlbach sieht auch Henning die mittelhochdeutsche Redaktion als Original an, da der Deutsche Orden eben eine Corporation von Deutschen gewesen sei und deshalb nur in der Muttersprache aufgezeichnet worden sein könne.[293]

Auch Dudik geht davon aus, dass die ursprünglich deutsche Abfassung erst später ins Lateinische[294] übersetzt wurde, um die Regel dem apostolischen Stuhle verständlich zu machen.[295] Dagegen spricht Elbing, der auf die Analogie zu anderen Orden verweist, sowie auf bestimmte religiöse Tendenzen der damaligen Zeit, die eine lateinische Version als Erstfassung wahrscheinlich machen.[296]

Die Deutschordensstatuten setzen sich in allen bisher bekannt gewordenen Handschriften aus vier Hauptteilen zusammen, aus dem Prolog, der Regel, den Gesetzen und aus seinen Gewohnheiten.

Im Prolog weisen die lateinischen und die altfranzösischen Handschriften erhebliche Unterschiede zu den anderen drei Vorhandenen auf. Während bei ihnen sofort die alttestamentarischen Vorbilder des Deutschen Ordens genannt werden, geht bei den deutschen und niederländischen Schriften eine historische Einleitung voran, die Narratio.[297]

Auffällig ist, dass sich der Prolog nur auf die Regel, nicht aber auf die Gesetze und Gewohnheiten bezieht.[298]

Unter der Regel ist ausschließlich der Text zu verstehen, welcher die geistlichen Verpflichtungen, die Gebräuche im Konventsleben sowie die Pflichten des neuen Bruders bei seiner Profess im Orden beschreibt.[299]

In der Regel finden sich die drei Mönchsgelübde, die Pflege der Kranken und die Observanzen des gemeinsamen Lebens, welche die gemeinsame

293 Perlbach, Statuten S. XXIX.; Henning, Statuten S. 2,

294 Den lateinischen Text gab 1724 der Augustiner Raymund Duellius heraus und findet sich, in: Debita seu statuta Theutoniciorum, in: Raymundi Duellii, Miscellanea II, Augsburg 1724, S. 12–64.

295 Dudik, Münzsammlung S. 40, Anm. 2.

296 Elben, C. G., Einleitung in die Geschichte des dt. Ordens 1. Theil, Nürnberg 1784, in: Rühs, Friedrich, Handbuch der Geschichte des Mittelalters, Wien 1817.

297 Vgl. Perlbach, Statuten S. XXX.

298 Vgl. Perlbach, Statuten S. XLVII.

299 Vgl. Demurger, Ritter des Herrn S. 92.

Grundlage aller Orden bilden.[300] Beim Deutschen Orden besteht sie sie aus 39 Kapiteln[301], während es bei den Hospitalitern nur 19[302] und beim Templerorden 71 Artikel[303], ohne den Prolog, gibt.

Zum einen orientiert sich die Deutschordensregel an der Augustinerregel, dessen Sätze sich an mindesten 6 Stellen wiederfinden[304], zum anderen lehnt sie sich wesentlich stärker an die Regel der Templer an[305].

Die Gesetze sind Ausführungen zu den einzelnen Punkten der Regel, welche diese vervollständigen oder genauer fassen. Im Laufe der Entwicklung des Ordens wurden sie ständig erweitert, meist um unklare Artikel der Regel zu erklären, und desweiteren durch neue Kapitelbeschlüsse ergänzt.[306] Während die Gewohnheiten nicht viel jünger als die Regel vor ihrer Neugestaltung waren, also in etwa zeitgleich entstanden, verhält es sich mit den Gesetzen anders. Sie lassen sich in fünf Gruppen einteilen, wobei das Strafgesetzbuch, die „iudicia"[307] der Teil ist, welcher am frühesten Erwähnung findet.[308]

Nach eingehender Untersuchung der fünf Abschnitte durch Perlbach ergibt sich folgendes chronologisches Bild: 1. das Eingangskapitel (Ia-q), 2. die iudicia (33–45) vor 1251, 3. Kap. 17–25 nach 1244, 4. Kap. II nach 1251, 5. Kap. 1–16 zwischen 1235 und 1264.[309]

In allen Handschriften finden sich zudem Kalender, die den Statuten vorangehen und in denen die wichtigsten Heiligen verzeichnet sind, sowie die Tage, an denen ihnen gedacht wurde.[310] Mit der Regel des Templerordens hatten die Deutschherren auch das Brevier und das Ritual der heiligen Grabeskirche angenommen.[311] Aus diesem Grunde finden sich auch im Kalender

---

300 Vgl. Perlbach Statuten S. XXX.

301 Vgl. Pichon, Denkmäler S. 254.

302 Die Regel des Johanniterordens, in: Falkenstein Karl, Die Geschichte des Johanniterordens, S. 18 ff.

303 Vgl. Statutenbuch der Tempelherren, ed. Friedrich Münter, Berlin 1794.

304 Vgl. Perlbach, Statuten S. XXXII; Schon 1724 hat Duellius, Miscellanea II, S. XII, in seiner Vorrede auf die Verwendung der Augustinerregel hingewiesen: „fundamentum horum statutorum Regula S. Augustini est, cuius magna satis fragmina dictorum confirmationi inservientia hinc inde allegantur.".

305 Vgl. Dudik, Münzsammlung S. 53.

306 Vgl. Demurger, Ritter des Herrn S. 93.

307 Perlbach, Statuten S. 77–89, Kap. 33–45.

308 Vgl. Perlbach, Statuten S. L.

309 Vgl. Perlbach, Statuten S. LI, die Gesetze S. 64–89.

310 Vgl. Perlbach, Statuten S. 1–12.

311 Bulle Innozenz IV vom 13. Februar 1244, in: Strehlke S. 357, Nr. 471.

mehrfach Heilige, die auf das Heilige Land verweisen, im Abendland hingegen aber nicht überall verehrt wurden: so die Bischöfe von Jerusalem Matthias (Januar 30), Alexander (März18), Zachäus (August 23), Marcus (Oktober 22) und Symon (Februar 18).[312]

Dagegen scheint die um 1244 erfolgte Annahme des Dominikanerrituals[313] keinen Einfluss auf den Kalender gehabt zu haben, da sich in ihm zahlreiche Abweichungen finden.

Neben der Heiligen Schrift, war das Ordensbuch bestimmend für das Leben und Wirken der Ordensmitglieder. Bereits in der Regel des 13. Jahrhunderts war vorgeschrieben, dass bei Tisch aus dem Buch gelesen werden soll, während die anderen Brüder schweigen.[314]

Perlbach und Dudik haben die Statuten des Deutschen Ordens nach ihren ältesten Abschriften ausführlich untersucht und festgestellt, dass sich inhaltlich mehr Parallelen zur Templerregel feststellen lassen, als zur Johanniter- bzw. Augustinerregel.[315] Dagegen spricht Sonthofen, der behauptet, dass der Deutsche Orden am meisten dem Johanniterorden ähnelte und auch die Regel nach dessen Vorbild gestaltet wurde.[316] Die Frage ist, ob mit dem Aufkommen der Statuten eine Verlagerung des Aufgabenbereichs stattgefunden hat. Obwohl Teile der Templerregel in weitaus größerem Umfang in den Deutschordensstatuten wiederzufinden sind, was Dudik hinreichend bewiesen hat, bedeutet dies nicht zwingend, dass die ursprünglich, karikativen Aufgaben in den Hintergrund getreten sind.

Bereits in den ersten Kapiteln der Deutschordensregel wird festgelegt, „Wie den spitálen zu haldene“[317], „Wie man die siechen in die spitál entpháhe“[318] und „Wie man der siechen pflegen sule in den spitálen“.[319]

Daraus wird deutlich, dass zum einen die Armen- und Krankenpflege nicht zugunsten des Heidenkampfes aufgegeben wurde und zum anderen, dass diese karikativen Aufgaben weiterhin einen großen Stellenwert im Alltagsleben der Brüder einnahmen

---

312 Vgl. Perlbach, Statuten S. LVI.

313 Strehlke S. 357 Nr. 471 und S. 378 Nr. 536.

314 Aus dem Vorwort des Ordensbuches, Regeln und Statuten S. 1, des Deutschen Ordens nach der Approbation durch den Apostolischen Stuhl 1993.

315 Dudik, Münzsammlung S. 43, Anmerk. 1, und Perlbach, Statuten S. LVI ff.

316 Sonthofen, 800 Jahre Geschichte.

317 Perlbach, Statuten S. 31, Kap. 4.

318 Ebd. S. 31, Kap. 5.

319 Ebd. S. 32, Kap. 6.

3.2 Ordensmitglieder, Herkunft und Rekrutierung

Von den Gelübden her waren alle Ordensmitglieder gleich, auch wenn ihre Herkunft, Bildung und Ausbildung sowie ihre jeweiligen Aufgabenbereiche unterschiedlich waren.[320]

In Bezug auf die Aufgabenstellung ergab sich die erste große Differenzierung in Laien und Priester. Zu den Laien zählten die Ritter, die im Laufe der Zeit immer stärker in den Vordergrund, als Hauptträger des Heidenkampfes, rückten. Welcher sozialen Schicht oder welchem Stand die Mitglieder angehörten, ist bis ins 15. Jahrhundert schwer nachzuweisen, da erst jetzt eine Ahnenprobe für die Aufnahme nötig war und Akten zu diesem Zweck angelegt wurden.[321] Es mussten Nachweise erbracht werden, die eine adelige Herkunft attestierten, um in den Orden aufgenommen zu werden. Vor dem 15. Jahrhundert waren solche formalen Akten nicht notwendig, da weder die soziale noch die nationale Herkunft im 13. und 14. Jahrhundert eine Rolle spielte. Grundvoraussetzung für die Aufnahme als Ritter war die Vollendung des 14. Lebensjahres sowie die Bedingungen, keiner Frau durch Gelöbnis verbunden zu sein, keinem anderen Orden anzugehören, keine Schulden oder versteckte Krankheiten zu haben. Über die Aufnahme von Kindern gibt das Kapitel 30 der Regel Auskunft.

„Wir wollen ouch, daz man dekein kint cleide oder entpháhe in disen orden, é danne ez kume zu der zal siner virzehen iáre. Ist ouch daz vetere oder mútere oder vormunde dekein kint vor den wirzehen iáren zu diesem ordene bringent, oder ob die kint von in selben kument, di sol man, ob man sie entpháhen wil, zihen zu guten dingen [...]“[322]

Die Standesunterschiede wurden hier im Ritterorden besonders schnell ausgeglichen und trugen dazu bei, dass die soziale Schicht durchlässiger wurde. Für das Wachstum des Deutschen Ordens war dies ein großer Vorteil, denn er bot eine Zukunftsperspektive, besonders für Ministeriale, von denen einige schnell zu fürstlichem Rang kamen. Ein beeindruckendes Beispiel hierfür

320 Vgl. Arnold, Frühzeit S. 99.

321 Vgl. Boockmann, Zwölf Kapitel S. 56.

322 Perlbach, Statuten S. 51, Kap. 30 Z. 1–8.

ist Hermann von Salza, ebenfalls ein Ministeriale, also beinahe noch ein Unfreier, der später eine wichtige Rolle im Orden, im Reich sowie an der Kurie spielte und zu hohem Rang aufstieg.[323]

Dennoch war der Deutsche Orden nicht nur ein Auffangbecken für soziale niedere Stände, denn auch Landesfürsten wie Konrad von Thüringen oder Hochadlige Dynasten wie der Graf von Ziegenhain schlossen sich dem Orden an und förderten ihn nachhaltig.[324]

Zu den Laienbrüdern gehörten auch die Sariantbrüder, die ebenfalls Waffen trugen und am Kampf teilnahmen, jedoch ohne den weißen Mantel des Ritters.[325] Sie müssen dennoch vollwertige Mitglieder gewesen sein, denn die Statuten kennen für die Vollmitgliedschaft im Orden nur den Unterschied zwischen Priestern und Laien. Ihre rechtliche Grundlage liegt wohl in der Bulle von 1216, in der von „clericis et militibus et aliis fraribus" die Rede ist.[326] Sie konnten auch niedere Ämter bekleiden, wie das des hochmeisterlichen Schäffers.[327] Laut Tumler liegt der Verdacht nahe, dass diese Sariantbrüder bürgerliche Ordensmitglieder waren.[328]

Die zweite Gruppe von Vollmitgliedern bildeten die Priester, die sich um die Seelsorge der Brüder kümmerten, den Gottesdienst leiteten, darauf achteten, dass die Brüder sich an die Regel hielten und sich um die Kranken kümmerten.[329]

Hinzu kamen die üblichen priesterlichen Aufgaben sowie alle Tätigkeiten, die in den Bereich der Schriftlichkeit und Erziehung fielen.[330] Entgegen der Behauptung Sonthofens, dass es anfänglich nur im Deutschen Orden Priesterbrüder gab, während dies bei den Johannitern und Templern nicht

323 Vgl. Boockmann S. 57.

324 Ebd. S. 56.

325 Vgl. Arnold, Frühzeit S. 99.

326 Strehlke S. 272, Nr. 303,

327 Vgl. Maschke, Erich, Die Schäffer und Lieger des Deutschen Ordens in Preußen, in: Arnold Udo (Hg.), Domus Hospitalis Theutonicorum. Europäische Verbindungslinien der Deutschordensgeschichte, Bonn 1970, S. 85 f.

328 Vgl. Tumler, Deutsche Orden S. 382.

329 Vgl. Prolog, in: Perlbach, Statuten S. 26.

330 Vgl. Arnold, Frühzeit S. 100.

der Fall war[331], hatten die Hospitaliter sehr wohl schon früh Kaplanbrüder, die sich um das Seelenheil der eigenen Brüder kümmerten.[332]

Wenn der bereits erwähnte Prior Heinrich aus den Jahren 1193/94 ein Geistlicher war, dann ist dies ein Beweis dafür, dass der Deutsche Orden bereits vor 1198 Priester gehabt hat. Aus der Zusammensetzung des Wählmännergremiums für die Hochmeisterwahl wird deutlich, dass der Priesterzweig des Ordens seit 1198 immer mehr zurückging. Sie sind zwar für das gesamte Mittelalter nachweisbar, starben aber im 16. Jahrhundert fast aus, bis 1606 eine Wiederbelebung der Tradition erfolgte und die Zahl der Priester erneut stieg.[333]

Neben den Brüdern gab es auch noch eine zahlenmäßig starke Klasse von Halbbrüdern, welche dem Orden angehörten, die aber nicht an sämtliche Gelübde gebunden waren und doch seine Vorrechte in Bezug auf die Exemption teilten.[334] Für das schnelle Wachstum des Deutschen Ordens erwiesen sich die relativ offenen Aufnahmebedingungen als großer Vorteil, denn sie konnten für die Rekrutierung auf breitere Kreise der Bevölkerung zurückgreifen, sogar auf verheiratete Männer.

Besonders in der Frühphase lebte eine solche Gemeinschaft von der Zahl ihrer Mitglieder.

Darüber hinaus gab es weitere Personen, die Hilfsdienste leisteten und in unterschiedlicher Form mit dem Orden verbunden waren. Dazu zählen die Diener oder *ministrantes*, die sowohl ritterliche Kreuzfahrer als auch nichtritterliche Vertragspartner sein konnten. Davon zu trennen sind die Knechte oder *servientes*, Unfreie, die Eigentum des Ordens waren und die vielfältigsten körperlichen Arbeiten zu verrichten hatten.[335]

Auch Frauen waren dem Orden verbunden, im Ordensbuch als Halbschwestern bezeichnet, die in einem eigenen Haus lebten und für die Pflege der Kranken sowie für die Versorgung des Viehs zuständig waren.[336] Dieser

331 Vgl. Sonthofen, 800 Jahre Geschichte S. 22.

332 Vgl. Riley-Smith, Knights S. 233; Hiestand, R., Papsturkunden für Templer und Johanniter, Göttingen 1972– 1983, Bd. 1, S. 260

333 Vgl. zur Situation des 16./17. Jahrhunderts. Demel, Bernhard, Das Priesterseminar des Deutschen Ordens zu Mergentheim, Bonn 1972.

334 Vgl. Sonthofen, 800 Jahre Geschichte S. 22.

335 Vgl. Arnold, Frühzeit S. 101.

336 Zu den Aufgaben der Halbschwestern und über die Aufnahme von Frauen im Orden Kap. 31 „Wie man zu des húses dinestee wibesnamen sule entpháhen." in; Perlbach, Statuten S. 52.

Schwesternzweig hat jedoch nie große Bedeutung erlangt und verschwindet am Ende des Mittelalters aus den Quellen.[337]

Obwohl die Mitgliedschaft lebenslängliches Verweilen im Orden bedeutete sowie ein Leben nach strengen mönchischen Regeln, gab es viele Personen, die es für erstrebenswert hielten, dieser geistlichen Gemeinschaft beitreten zu dürfen. So gab es z. B. auch kollektive Aufnahmen, wie im Jahre 1329, als alle Brüder des Herzogs von Schlesien zur Belohnung für ihre Hilfe gegen den König von Polen in den Deutschen Orden aufgenommen wurden.[338]

337 Vgl. Gruber, Erentraud, Deutschordensschwestern im 19. und 20. Jahrhundert, Bonn 1971, S. 1–5.

338 Vgl. Christiansen, E., The Northern Crusaders. The Baltic and the Catholic Frontier, 1100–1525, London 1980, S.149.

3.3 Besitzentwicklung im Heiligen Land und in Deutschland

Alle Besitzungen, die das Deutsche Haus in Jerusalem durch Amalrich I. und König Guido geschenkt bekommen hatte, sind nach 1187 verloren gegangen.[339] Dazu zählen auch die Landgüter in der Nähe von Jaffa, Askalon, Gaza und Zamzi, also im südlichen Streifen des Königreichs Jerusalem.[340]–Als am 11. Februar 1229 der Vertrag zwischen dem Kaiser Friedrich II. und dem Sultan von Ägypten, Al-Malik Al Kamil, abgeschlossen wurde[341], fiel Jerusalem abermals in die Hände der Christen. Auf diplomatischem Wege war es dem Kaiser gelungen, die Stadt Jerusalem friedlich und ohne Blutvergießen zurückzugewinnen. Auch der Hochmeister des Deutschen Ordens Hermann von Salza hatte dem Kaiser Friedrich II. beratend zur Seite gestanden und war bei der Unterzeichnung des Vertrages sowie bei der anschließenden Krönungszeremonie in der Grabeskirche von Jerusalem anwesend.[342]

Friedrich zeigte sich dem Hochmeister dankbar und beschenkte den Orden mit dem Haus des König Balduins von Jerusalem neben der Thomaskirche. Kluger legt die Vermutung nahe, dass die Übertragung des Königshauses dem Deutschen Orden juristisch einen Sitz in Jerusalem verschaffen sollte.[343] Seit seiner Gründung 1189 vor den Mauern Akkons war dies das erklärte Ziel des Ordens gewesen, nämlich die Eroberung Jerusalems und die Errichtung eines Sitzes in der Stadt. Das spiegelte sich besonders in der eigenen Namensgebung wieder sowie in der dazugehörigen Begründung, die sich in der Narratio findet.[344] Desweiteren erhielt der Deutsche Orden jenes Haus, welches die Deutschen vor der Eroberung Jerusalems durch Saladin besessen hatten, mit all seinen Rechten und Ansprüchen.[345] Mit dem Erwerb des alten deutschen Spitals trat der Orden hier eine Rechtsnachfolge an, dem

339 Vgl. Hubatsch, Montfort S. 173.

340 Strehlke Nr. 6 S.7, Nr. 8 S. 9 und Nr. 20 S. 18.

341 Vgl. Brüsch, Tania, Kaiser Friedrich II. Leben und Persönlichkeit in Quellen des Mittelalters, Düsseldorf 2006, S. 181.

342 Zur Beteiligung Hermann von Salzas beim Vertrag vom 11. Februar 1229: Chon, W., Hermann von Salza, Aalen 1978, S. 125 f.

343 Vgl. Kluger, Helmuth, Hochmeister Herrmann von Salza und Kaiser Friedrich II. Ein Beitrag zur Frühgeschichte des Deutschen Ordens, Marburg 1987, S. 137.

344 Narratio, SRP I S. 221.

345 Die Schenkungsurkunde über die Häuser in Jerusalem: Strehlke S. 55, Nr. 69.

ursprünglich karikativen Aspekt seiner Tätigkeit folgend, der Kranken- und Armenpflege, welcher auch wesentlicher Bestandteil bei der Gründung des Feldspitals vor Akkon gewesen war.

In den Jahren nach 1198 bis zum Amtsantritt Hermann von Salzas 1209[346] hatte sich der junge Ritterorden nur sehr langsam entwickelt. In diesem Zeitraum wurden für den Deutschen Orden im Heiligen Land nur elf Urkunden ausgestellt, so dass sich der Ordensbesitz in diesen dreizehn Jahren kaum ausdehnte.[347] Im Juni des Jahres 1200 erhielt der Orden ein Privileg Bohemunds IV. von Antochia, das ihn von allen Abgaben

befreite, die er für den eigenen Bedarf ins Fürstentum Antiochia importierte.[348] Aus dieser Urkunde wird deutlich, dass zu dieser Zeit ein Deutschordenshaus in Antiochia existierte. Zwei weitere Urkunden aus den Jahren 1219 und 1228[349], in denen Handelsrechte und Besitz verliehen wurden, verweisen ebenfalls auf ein Haus des Ordens in der Stadt Antiochia.

Es ist auffallend, dass der Deutsche Orden seit dem Ende des 12. Jahrhunderts in Bezug auf Landerwerbungen nicht mehr nur auf Schenkungen angewiesen ist, sondern zunehmend Besitzungen durch eigenen Kauf erwirbt. Zum einen wird daran deutlich, dass der Orden schon sehr früh bemüht ist, Gebiete zu einem ganzen zusammenzuführen, da es sich viel einfacher verwalten lässt, zum anderen, dass die finanziellen Mittel und damit die Liquidität stark angestiegen sind.

Schon im Oktober 1200 hatte Amalrich II. dem Deutsche Orden das Casale Lebassa im Gebiet von Akkon und die *gastina* Missop für 2300 Byzantiner verkauft.[350] Im selben Monat schenkt Wilhelm von Amigdala dem Orden Land zwischen dem Casale Album und dem schon seit 1193 dem Orden gehörenden Casale Cafresi bei Akkon.[351]

In den folgenden Jahren, vermehrt nach 1200, erhielt der Deutsche Orden Besitzungen im gesamten Königreich Jerusalem, entweder durch Schenkungen oder durch den eigenen Kauf. Obwohl entlang der gesamten

346 Boockmann, Zwölf Kapitel S. 290.

347 Vgl. Favreau, Frühgeschichte S. 73.

348 Perlbach, M., Die Reste des Deutschordensarchives in Venedig, Altpreuß. Monatsschrift 19 (1882) 647 Nr. 1.

349 Strehlke S. 41 Nr. 51 und S. 50 Nr. 61.

350 Strehlke S. 30 Nr. 38. Gastina ist hier nicht Wüstung sondern vermutlich Weideland. Vgl. dazu Favreau, Frühgeschichte S. 74 Anm. 56.

351 Strehlke S. 31 Nr. 39.

Küste, von Askalon im Süden bis Antiochia im Norden, Ansatzpunkte des Deutschen Ordens zu finden waren, schaffte er es dennoch nicht, ein großes zusammenhängendes Territorium für sich in Anspruch zu nehmen. Nur im Hinterland von Akkon und Beirut lagen die Besitzungen etwas dichter.[352]

Dass der Deutsche Orden den ursprünglich rein karikativen Charakter verloren hatte, zeigten auch die Erwerbungen, die ausschließlich militärische Zwecke erfüllten. Das beste Beispiel hierfür ist die Burg Starkenberg, französisch Montfort, arabisch Al Kurain.[353] Das Gebiet, auf dem die Burganlage errichtet werden sollte, wurde am 30. Mai 1220 von dem Grafen Otto von Henneberg und seiner Gattin Beatrix an den Deutschen Orden verkauft[354]. Herzog Leopold von Österreich hatte kurz vorher, 1219, 6000 Mark Silber beigesteuert und bildete die Grundlage für den Kauf.[355] Die strategische Wichtigkeit dieses militärischen Außenpostens an der Grenze der Ungläubigen und abseits der See wird in dem Schreiben des Papstes Gregor IX deutlich, der am 10. Juli 1230 zur Unterstützung des Baues in Montfort aufrief.[356] Die Bezeichnung der Brüder des Deutschen Ordens als Makkabäer findet sich sowohl in diesem Schreiben als auch im Prolog der Statuten.[357] Forstreuter glaubt, darin die Initiative des Hochmeisters Hermann von Salzas zu erkennen, der federführend bei der Ausformulierung des Schreibens gewesen sein soll.[358]

Nicht nur im Königreich Jerusalem breitete sich der Orden aus und häufte Besitz an, sondern auch im Reich, in Frankreich, Sizilien, Griechenland und Italien. Um 1280 hatte der Orden bereits 13 Balleien im Reich, drei in Italien, eine in Griechenland sowie eine große Zahl von Seelsorgkirchen. Die Balleien waren Verwaltungsbezirke des Deutschen Ordens außerhalb des Heiligen Landes und setzen sich aus Kommenden zusammen, die überall in Europa zu finden waren.[359]

352 Vgl. Prutz, Besitzungen im H.L. S. 20 ff.
353 Vgl. Forstreuter, Deutscher Orden S. 41
354 Strehlke S. 42 Nr. 52, S. 43 Nr. 53.
355 Strehlke S. 122.
356 Strehlke S. 56 Nr. 72.
357 Strehlke S. 56 Nr. 72 Z. 4 und Perlbach, Statuten S. 25 Z. 6.
358 Vgl. Forstreuter, Deutscher Orden S. 42.
359 Zu den Besitzungen des Deutschen Ordens außerhalb des H.L. Vgl. Tumler, Ursprung S. 11 ff.

4 Ein eigenes Betätigungsfeld außerhalb des Heiligen Landes

4.1 Misslungener Auftakt im Burzenland

Geistliche Ritterorden wie die Templer oder Johanniter waren schon seit der Mitte des 12. Jahrhunderts in Ungarn und Kroatien vertreten und von den ungarischen Königen mit Besitz ausgestattet worden.[360] Aus welchem Grunde König Andreas II. also den jungen Deutschen Orden im Frühjahr 1211 ins Land geholt hatte[361], um Ungarn gegen das noch heidnische Turkvolk der Kumanen zu schützen, und nicht etwa die Templer oder Johanniter rief, ist in der Forschung umstritten und nicht eindeutig geklärt. Sarnowsky verweist auf den Einfluss der aus dem Reich stammenden Königin Gertrud von Andechs-Meranien und auf die Anwesenheit der deutschen Berater am Königshof.[362] Aussagen wie diese sind allerdings rein spekulativ, da sie sich nicht durch Schriftform belegen lassen.

Die historischen Erkenntnisse aus dieser kurzen Zeit, in welcher der Orden im Burzenland agierte, ist ausschließlich aus urkundlichen Quellen zu erschließen, während die wenigen zeitnahen Werke der Historiographie im Ordensbereich ebenso wie in Ungarn wenig Informationen liefern.[363] Diese Epoche der Burzenländer Ordensgeschichte muss aus circa 30 Urkunden rekonstruiert werden, die Franz Josef Zimmermann seit 1892 editiert und veröffentlicht hat[364].

360 Vgl. Sarnowsky, Deutsche Orden S. 28.

361 In der Urkunde von 1211 schenkt Andreas II., das bislang unbewohnte Burzenland, den Rittern des Deutschen Ordens, zum Schutze des Reiches und bestimmt das Reichsgebiet des Ordens, in: Das Urkundenbuch zur Geschichte Siebenbürgens, ed. Friedrich Firnhaber, Georg Teutsch, Wien 1857, Bd. 1, S. 9 Nr. XIX.

362 Vgl. Sarnowsky S.29.

363 Vgl. Zimmermann, Harald, Der Deutsche Orden im Burzenland. Eine diplomatische Untersuchung, Köln 2000.

364 Urkunden zur Geschichte der Deutschen in Siebenbürgen, ed. F. Zimmermann, Hermannstadt 1892, Bd. I: 1191–1342.

Hubatsch und Boockmann gehen davon aus, dass der Orden und sein Hochmeister seit Jahren ein bestimmtes Ziel verfolgten: den Erwerb eines großen geschlossenen Herrschaftsgebietes: etwas anachronistisch formuliert, eines Ordensstaates.[365] Tatsächlich wäre die neue Staatsidee auf der Grundlage der bisherigen verstreuten Besitzungen nicht möglich gewesen. Das Burzenland in Ungarn hingegen bot dem Orden ein großes zusammenhängendes Gebiet und die Möglichkeit zur Umsetzung ihres Zieles.

Die neue Aufgabe fiel zusammen mit dem Amtsantritt Hermann von Salzas, der 1210 zum Hochmeister gewählt worden war und der sofort dem Hilfegesuch von König Andreas II. zustimmte.[366] Wer allerdings der Initiator, der Überlassung des Burzenlandes an den Deutschen Orden gewesen ist, kann nicht festgestellt werden. Bei dieser Urkunde des Königs an den Deutschen Orden, 1211[367] handelte es sich nicht um einen reinen Schenkungsakt, denn obwohl dem Orden das wüste und unbewohnte Gebiet zum friedlichen Wohnen und als „ewiger Besitz“ übertragen wurde, fand sich ein Zusatz in dieser Urkunde: „damit das Königreich Ungarn durch die Tätigkeit der Ordensbrüder erweitert werde“.[368] Dieser Zusatz sollte dem Orden 15 Jahre später zum Verhängnis werden.

Sicher ist, dass der Deutsche Orden von Beginn an auf die Autonomie hinarbeitete. Ein erster Schritt hierfür war der Bau, der vorgeschobenen Kreuzburg, den sich der Orden noch vom Ungarnkönig, 1212 bestätigen ließ.[369] Bereits 10 Jahre später waren schon sechs weitere Burgen entstanden und der Orden begann mit der Eigensiedlung durch Heranziehen moselfränkischer und schwäbischer Bauern.[370] Die Hauptburg des Ordens im Burzenland und der Sitz des Komturs war die Marienburg am Alt, die allerdings erst nach dem Abzug der Ritter aus dem Burzenland im Jahre 1240 erstmals belegt ist.[371] Das Burzenland war eine fruchtbare Landschaft in Siebenbürgen,

---

365 Vgl. Hubatsch, Montfort S. 177; Boockmann, Zwölf Kapitel S. 68.

366 Biographische Darstellungen Hermann von Salzas, in: Heimpel Hermann, Hermann von Salza. Gründer eines Staates, in: Der Mensch in seiner Gegenwart, Göttingen 1954; Maschke, Erich, Altpreußische Biographie, Marburg 1963, Bd. II.; Koch, Adolf, Hermann von Salza. Meister des Deutschen Ordens, Leipzig 1885.

367 Teutsch, Urkundenbuch S. 9 Nr. XIX.

368 Hubatsch, Montfort S. 178 Z. 9–10.

369 Teutsch, Urkundenbuch S. 10 Nr. XII.

370 Vgl. Hubatsch, Montfort S. 178.

371 Vgl. Zimmermann, Harald, Der Deutsche Ritterorden in Siebenbürgen, in: Fleckenstein, Joseph und Hellmann, Manfred, Die Geistlichen Ritterorden Europas. Vorträge

welche nach der Grenzbestimmung der Urkunde von 1211 ein Areal von 24 Quadratmeilen beinhaltete, außer der Hauptstadt Kronstadt 26 Ortschaften zählte und durch die Alpen von der Walachei getrennt wurde.[372]

Im Jahre 1224 nahm der Papst auf Bitten des Ordens das Burzenland in sein bzw. des heiligen Petrus Eigentum.[373] Er unterstützte also den Versuch des Ordens, dieses Gebiet aus Ungarn herauszulösen und zu einem unabhängigen Herrschaftsgebiet zu machen. Als der Orden begann sein Territorium gegen Ungarn und dessen königliche Amtsträger sowie gegen den zuständigen Bischof abzuschirmen, regte sich Widerstand gegen diese Politik.

Die territorialen Pläne des Ordens nahmen ein schnelles Ende, als der ungarische König an der Spitze eines Adelsheeres die Deutschordensbrüder mit Militärgewalt aus dem Burzenland vertrieb.[374] Als Rechtfertigung für diesen gewaltsamen Akt führte der ungarische König die angeblich widerrechtliche eigene Münzprägung an sowie die eigenmächtige Erweiterung von Landbesitz. Was genau den Zorn des Königs erregt hatte und wann jener erste Versuch der Vertreibung der Ritter aus Siebenbürgen zu datieren wäre, verrät keine Quelle.

Bethlen und Zimmermann gehen davon aus, dass der neue siebenbürgische Bischof Reginald, der als Protégé des ungarischen Hofes mit päpstlicher Zustimmung 1222 zu Amt und Würden gelangt war[375], nicht unschuldig an dem Debakel gewesen sei, weil er sich die Eximierung des Ordensgebietes nicht gefallen ließ.[376] Als Papst Honorius III. am 12. Juni 1225 dem Ungarnkönig schrieb, nachdem der Deutsche Orden sich über ihn beklagt hatte, nahm er auch die an ihn gerichtete königliche Beschwerde ernst. Daran beschwerte sich der König, dass die Ritter sich unrechtmäßig königliche Besitzungen angeeignet hätten. Der Papst, der auf Friedensstiftung aus war, teilte dem König mit, dass er den Orden bereits zur Restitution aufgefordert habe und von ihm erwarte, das durch ihn militärisch besetzte Ordensgebiet

---

und Forschungen. Sigmaringen 1980, Band XXVI. S. 274; Die Erwähnung des Ortes Marienburg in: Teutsch, Urkundenbuch S. 63 Nr. LX.

372 Vgl. Bethlen, A., Geschichtliche Darstellung des Deutschen Ordens in Siebenbürgen, Wien 1831, Bd. 1, S. 21.

373 Teutsch, Urkundenbuch S. 26 Nr. XXVI.

374 Vgl. Boockmann S. 69.

375 Vgl. die päpstliche Dispens für Reginald vom 3. Juni 1222 editiert bei A. Theiner, Vetera Monumenta Historica Hungariam sacram illustrantia, Rom 1859, Bd. 1, S. 34 Nr. 68.

376 Vgl. Bethlen, Siebenbürgen S. 34 ff.; Zimmermann, Burzenland S. 43.

zu verlassen.[377] In kurzen Abständen schreibt der Papst an den Orden und an den König, um den Streit zu schlichten und beide Parteien zu ermahnen. Papst Honorius richtet eine Untersuchungskommission ein, die sich aus Zisterzienseräbten zusammensetze. Diese Zisterzienseräbte erstatteten dem Papst im Sinne des ungarischen Klerus Bericht.[378] Nach diesem Bericht ergriff der Papst Partei für den Ungarnkönig und forderte die Bischöfe von Grosswardien und Raab in einem Schreiben vom 1. September 1225 auf, sich an Ort und Stelle zu begeben und die Ritter unter Anwendung geistlicher Zwangsmittel dazu zu bewegen, die in der königlichen Schenkung gesetzten Grenzen zu beachten.[379] Vom Papst selbst war demnach keine sonderliche Unterstützung mehr zu erwarten und auch die späteren Bemühungen Hermann von Salzas, die Rückgabe der verlorenen Güter zu erreichen, waren vergebens.[380]

Die kurze Episode des Deutschen Ordens in Siebenbürgen zählt in der Geschichtsschreibung nicht zu den bevorzugten Themen der Ordenshistorie, da sie mit der Vertreibung der Ritter durch König Andreas II. aus dem Burzenland endete. Diese Unternehmung steht zudem im Schatten der fast alle Aufmerksamkeit auf sich ziehenden Wirksamkeit der deutschen Ordensritter in Preußen.[381]

Trotz dieser gescheiterten Unternehmung ist der Versuch, einen Ordensstaat unter päpstlichem Schutz im siebenbürgischen Burzenland zu gründen, sehr lehrreich gewesen, und die daraus gewonnen Erfahrungen für die Preußenunternehmung von unschätzbarem Wert. Desweiteren ist im Burzenland besonders deutlich geworden, dass der militärische Charakter zu Ungunsten des ursprünglich, karikativen Auftrages eine wesentlich stärke Rolle eingenommen hat. Unter dem Deckmantel der Heidenmissionierung hat eine Militarisierung stattgefunden, die es dem Orden ermöglichte, Gebiete für sich in Anspruch zu nehmen und für sich zu nutzen. Während über den Bau von Deutschordensburgen in einigen Urkunden berichtet wird, findet man beispielsweise nichts über den Erwerb von Spitälern oder anderen Gebäuden, die sich mit Armen- und Krankenpflege beschäftigen[382].

377 Teutsch, Urkundenbuch S. 90 Nr. XXIX.

378 Vgl. Hubatsch, Montfort S. 179.

379 Teutsch, Urkundenbuch S. 95 Nr. XXXIV.

380 Vgl. Hubatsch, Montfort S. 179.

381 Vgl. Zimmermann, Burzenland S. 1.

382 Über den Bau von Burgen im Burzenland und die militärischen Aufgaben, der Grenzverteidigung Kuhn, W., Ritterorden als Grenzhüter des Abendlandes, in: Kuhn, W., Vergleichen-

4.2 Das Hilfegesuch Konrad von Masowiens und die Goldene Bulle von Rimini

Eine Vielzahl von Urkunden über die Anfänge des Deutschen Ordens im Kulmerland und in Preußen, also aus den Jahren von 1226–1230, sind von Perlbach eingehend untersucht worden, und mit Ausnahme des Kruschwitzer Vertrages vom 30. Juni 1230 als authentisch eingestuft worden.[383] Der Zeitraum von 1226 bis 1243 ist für die historische Forschung von besonderer Wichtigkeit, weil hier der Grundstein für den Deutschordensstaat in Preußen gelegt und über die Geschichte sowie die zukünftige Struktur des Ordens entschieden wurde.[384]

Unmittelbar nach der Vertreibung der Ordensritter aus dem Burzenland eröffnete sich für den Hochmeister Hermann von Salza und den Deutschen Orden die erneute Möglichkeit, ein geschlossenes Territorium für sich zu erlangen.

Der Orden hätte seine vertriebenen Ritter aus dem Burzenland direkt nach Preußen senden können, denn schon im Winter 1225/26 hatte der polnische Herzog Konrad von Masowien den Deutschen Orden gebeten, ihm gegen das heidnische Volk der Preußen an seiner Grenze beizustehen.[385] Der genaue Zeitpunkt, an dem diese Bitte des Herzogs an den Orden ergangen ist, kann nicht rekonstruiert werden, da diesbezüglich keine Urkunden oder chronikalischen Überlieferungen erhalten sind.[386]

In der Goldbulle von Rimini, welche Kaiser Friedrich 1226 für den Deutschen Orden ausstellte, berichtet Hermann von Salza, dass Herzog Konrad von Masowien versprochen habe, dem Orden das Kulmer Land und weitere noch zu erobernde Länder zu überlassen, wenn er mithelfe, die Pruzzen zu unterwerfen. Vorherige Verhandlungen sind Voraussetzung für das Zustandekommen dieser Goldenen Bulle.[387] Nach eingehender Unter-

---

de Untersuchungen zur mittelalterlichen Ostsiedlung, Köln 1973, S. 305–368; Göckenjan, H., Grenzwächter und Hilfsvölker im mittelalterlichen Ungarn, Wiesbaden 1972.

383 Perlbach, Max, Die ältesten preussischen Urkunden, Altpreussische Monatsschrift (= AM), 10/1875, S. 78–87.

384 Vgl. Labuda, Gerard, Urkunden des Deutschen Ordens im Kulmerland und in Preussen, in: Joseph Fleckenstein und Manfred Hellmann, Die Geistlichen Ritterorden Europas. Vorträge und Forschungen, Sigmaringen 1980, Band XXVI., S. 300.

385 Vgl. Boockmann, Zwölf Kapitel, S. 69.

386 Vgl. Ziegler, Uwe, Geschichte des Deutschen Ordens, Köln 2005, S. 88.

387 Editionen der Goldenen Bulle: Preussisches Urkundenbuch 1, hg. R. Phillipi/ K.R. Wölky, Königsberg 1882, Nr. 56 (nur sogenanntes Warschauer Exemplar = W); Lohmeyer,

suchung durch Kluger, der versucht hat, den Vorgang zu rekonstruieren, wie und wann das Hilfegesuch Konrad von Masowiens an den Deutschen Orden herangetragen worden sein könnte, kommt dieser zu dem Schluss, dass dies schon im Frühjahr 1225 geschehen sein kann.[388]

Neben Echtheitsfragen werfen die beiden Originaldiplome, die allgemein als Warschauer- und Königsberger Exemplar bezeichnet werden, Fragen über den Zeitpunkt ihrer Ausstellung auf. Zinsmaier, ebenso wie Arnold, datiert die jüngere Ausfertigung, das Königsberger Exemplar, auf das vierte Jahrzehnt des 13. Jahrhunderts und kommt nach eingehender Untersuchung des Warschauer Diploms zu dem Schluss, dass an dem Jahr 1226 als Ausfertigungsdatum, nicht zu zweifeln ist.[389]

In den polnischen Landen war ein Hilferuf, wie er an den Deutschen Orden erging, keine völlige Neuheit. Schon 1224 hatte ein anderer polnischer Herzog, Wladislaw Odonicz, Fürst von Nakel, die Deutschritter in die östliche Neumark gerufen und sie mit Land ausgestattet. Ihnen folgten die Templer, welche dort ebenfalls zu einer machtvollen Stellung gelangten, und die Johanniter. Es lag also im Zuge der Zeit, die Kräfte dieser Orden zu nutzen, um die eigenen Grenzen gegen heidnische Einfälle zu schützen und zugleich die Anteilnahme der Kirche für dieses Vorhaben zu gewinnen.[390] Mit der Goldbulle von Rimini garantierte Kaiser Friedrich II. dem Deutschen Orden, für das Gebiet, das der polnische Herzog angeboten hatte, und für jenes heidnische Land, das der Orden erobern würde, eine selbstständige Stellung, die der eines Reichsfürsten gleichen sollte.Dennoch hat der Deutsche Orden nicht sofort Gebrauch von dieser Urkunde gemacht. Hierfür spielten mehrere Faktoren eine wichtige Rolle. Hermann von Salza hatte aus den Erfahrungen in Siebenbürgen gelernt und versuchte, sich nach allen Seiten hin bestmöglich abzusichern, um ähnliche Fehler wie im Burzenland zu

K., Kaiser Friedrichs II. goldene Bulle über Preussen und Kulmerland vom März 1226, in: MIÖG Erg. Bd. 2, 1888, S. 380–385 (sogenanntes Warschauer und Königsberger Exemplar = W und K).

388 Vgl. Kluger, Hermann von Salza S. 58 ff.

389 Zinsmaier, P, Die Reichskanzlei unter Friedrich II., in: Probleme um Friedrich II., hg. J. Fleckenstein, Vorträge und Forschungen 16, Sigmaringen 1974, S. 147f.; Arnold, Udo, Probleme um Friedrich II.: Der Deutsche Orden und die Goldbulle von Rimini 1226, in: Preußenland 14, 1976, S. 47f.

390 Vgl. Hampe, K., Der Zug nach dem Osten, Berlin 1937, S. 71.

vermeiden. In diesem Zusammenhang privilegierte Kaiser Friedrich II. den Orden 1226, während der Papst 1234 mit dem Privileg von Rieti folgte.[391]

Zwischen diesen beiden Akten lag die Bestätigung von Privilegien durch Herzog Konrad von Masowien. Abgesehen von der diplomatischen Absicherung, die Hermann von Salza betrieb, gab es keinen Grund zur Eile, denn zu diesem Zeitpunkt bestand die Aussicht, in Palästina zu einem unabhängigen Herrschaftsgebiet zu kommen. Schon im Jahre 1220 hatte der Deutsche Orden ein großes Territorium in der Nähe von Akkon gekauft[392] und sich während des Kreuzzuges 1228 und 1229 weitere Gebiete von Kaiser Friedrich II. bestätigen lassen. Der Orden agierte gleichzeitig in Palästina, im Burzenland, in Preußen sowie auf Zypern und musste hierfür enorme Kapazitäten freisetzen, ebenso wie ein hohes Maß an Organisation. Zypern konnte von Friedrich II. auf Dauer nicht in sein Machtpotential aufgenommen werden und aus dem Burzenland waren die Deutschen Brüder vertrieben worden. So blieb es in diesen Regionen bei Streubesitz und nur Preußen und Palästina boten in den 20er Jahren des 13. Jahrhunderts die Chance zur Herrschaftsbildung. In der Goldenen Bulle von Rimini wird der Hochmeister mit einem Reichsfürsten verglichen und mit ebensolchen Freiheiten ausgestattet.

„Darüberhinaus fügen wir aus unserer Gnade hinzu, dass derselbe Meister und sein Nachfolger in ihren Ländern jene Gerichtsbarkeit und Amtsgewalt haben und ausüben sollen, wie sie bekanntlich jeder beliebige Fürst des Imperiums unter günstigeren Verhältnissen in dem Lande, das er hat, besitzt.“[393]

Die Urkunde zu Rimini stellte ein Programm des Hochmeisters dar, das die Rechte des geplanten Ordensstaates aus dem Recht des Reiches ableitete. Der Kaiser übertrug dem Orden Hoheitsrechte wie Berg-, Zoll- oder Marktrecht im Bereich seiner späteren Eroberungen[394]. Daraus erwuchs schon in der Frühzeit des Ordensstaates eine enge Beziehung zum Reich. Weise vermutet, Hermann von Salza habe schon 1226 die Einwilligung Roms erhalten[395]. Dagegen spricht,

391 Vgl. Boockmann, Hartmut, Der Deutsche Orden in der deutschen Geschichte. kulturelle Arbeitshefte 27, Bonn 1998, S. 3.

392 Strehlke, S. 42, Nr. 52.

393 Weise E., Interpretation der Goldenen Bulle von Rimini nach dem kanonischen Recht, in: Acht Jahrhunderte Deutscher Orden, hg. K. Wieser, Bad Godesberg 1967, S. 40.

394 Vgl. Maschke, Erich, Der Deutsche Orden, Leipzig 1940.

395 Weise, Interpretation S. 33.

dass es nicht Papst Honorius war, der die Genehmigung zur Missionierung Preußens durch den Deutschen Orden gab. Vielmehr hatte dieser noch am 17. Februar 1226 den Ungarnkönig erneut gemahnt[396], die vertriebenen Ordensbrüder wieder in sein Reich aufzunehmen. Dies deutet darauf hin, dass der Papst zu diesem Zeitpunkt noch an der Rückkehr der Deutschordensbrüder ins Burzenland interessiert war. Hinzu kam, dass die Kurie in Gestalt des Bischofs Christian längst aktiv geworden war und die Missionierung der heidnischen Prussen vorangetrieben hatte.[397] Hermann von Salza ließ sich Zeit mit der Zusage, Deutschordensritter als Unterstützung gegen die heidnischen Preußen nach Masowien zu schicken. Um 1228 war offenbar die preußische Bedrohung so groß geworden, dass man nach einer Lösung suchte. Herzog Konrad von Masowien, Bischof Gunter von Plock und Bischof Christian gründeten daraufhin den Orden von Dobrin, den sie mit der gleichnamigen Burg und Ländereien zur Versorgung ausstatteten, um den Kampf gegen die Preußen aufzunehmen.[398]

Die Gruppe, bestehend aus 15 namentlich bekannten Brüdern, rekrutierte sich aus Mecklenburg und Niedersachsen, erhielt jedoch außer von einigen Siedlern kaum Verstärkung und konnte sich nur mit Mühe in Dobrin halten.[399] Durch das abwartende und absichernde Verhalten Hermann von Salzas sowie das Aufzeigen der Schwächen bei dem Versuch der Missionierung und Bekämpfung der Preußen wurde die Verhandlungsposition des Deutschen Ordens gestärkt.

4.3 Der Beginn der Heidenmission in Preußen

Auch nach 1228 setzte Konrad weiterhin auf den Deutschen Orden und kam den Brüdern bis 1230 immer stärker entgegen. Bereits 1228 erhielt der Komtur der Komende Halle, Phillip[400], von Konrad eine Urkunde, in welcher der

396 UB Siebenbürgen S. 38 Nr. XXXVII.

397 Vgl. Kluger, Hermann von Salza S. 58.

398 Vgl. Sarnowsky, Deutsche Orden S. 34.

399 Zur Entstehung, Aufgaben und Herkunft der Mitglieder, in: Nowak, Zenon, Milites de Prussia. Der Orden von Dobrin und seine Stellung in der preußischen Mission, in: Fleckenstein, Joseph und Hellmann, Manfred, Die Geistlichen Ritterorden Europas, Sigmaringen 1980, Band XXVI, S. 339–352.

400 Phillip ist der Komtur der ältesten Ballei in Deutschland, Halle, und wird in einer Urkunde als "Philippus preceptor domus nostre Halle" bezeichnet, in: Urkundenbuch der

Besitz des Culmer Landes dem Orden zugesprochen wurde. Hermann von Salza reichte dies nicht aus und er bestand auf eine formelle Abtretung. Erst als Herzog Konrad im Jahre 1230 allen Anrechten auf das Kulmerland und das zu erobernde Preußen entsagte, entschloss sich Hermann von Salza das Angebot anzunehmen und entsandte Hermann von Balk als Landmeister, gemeinsam mit fünf Brüdern und einigen Gefolgsleuten nach Preußen[401]. Über den Einzug der Deutschordensbrüder ins Preußenland berichtet Peter von Dusburg in seiner „Chronika terre Prussie"[402]. Der Autor dieser Chronik nennt im Widmungsbrief seinen Namen und gibt sich als Priesterbruder des Ordens in Preußen zu erkennen, *„frater Petrus de Dusburgk eiusdem sacre professionis sacerdos"*[403]. In der kurzen Beschreibung zur beginnenden Eroberung Preußens wird berichtet, dass nur wenige Ordensritter, aber ein großes Heer von Kreuzfahrern ins Feindesland einfiel. Tatsächlich waren die Ordensbrüder nur Elitetruppen und stellten die Besatzungsmacht für die Burgen dar, während die großen Kämpfe durch Kreuzfahrer entschieden wurden[404]. Diese kamen zuerst aus Polen und dem deutschen Mutterland, später aus Belgien, Holland, dann aus Frankreich und England[405]. In Thüringen lagen die ältesten deutschen Ordensniederlassungen und von hier kamen auch die ersten, namentlich bekannten Brüder, die bald darauf nach Preußen gingen[406]. Peter von Dusburg erwähnt, dass *„Continue hii septem fratres habebant naves circa se propter inpetum Pruthenorum, ut possent navigio redire Nessoviam"*[407]. Für den Deutschen Orden stellten die Schiffswege entlang der Weichsel anfangs die schnellste und sicherste Verbindung zum Ausgangspunkt ihrer Eroberung, dem Herzogtum Masowien in Polen, dar. Im unwegsamen und unübersichtlichen Gebiet der Pruzzen, unternahmen die

Stadt Halle, hg. Arthur Bierbach, Magdeburg 1930, S. 179; Phillip war selbst Teil der Gesandtschaft nach Preußen im Jahre 1228: vgl. Haaf, Rudolf, Deutschordensstaat und Deutschordensbaleien. Untersuchung über Leistung und Sonderung der Deutschordensprovinzen in Dtl. vom 13- bis 16. Jahrhundert, Göttingen 1951, S. 38.

401 Vgl. Tumler, Ursprung S. 15.

402 Petri De Dusburg, Chronica Terre Prussie, ed. Scholz Klaus, Darmstadt 1984.

403 Ebd. S. 7.

404 Vgl. Zysk, Andre, Der Deutsche Orden und die Eroberung Preußens 1231 bis 1285, Norderstedt 2001, S. 7.

405 Vgl. Tumler, Ursprung S. 15.

406 Vgl. Wojtecki, D., Studien zur Personengeschichte des Deutschen Ordens im 13. Jahrhundert, Wiesbaden 1971.

407 Dusburg, Chronica S. 96–97.

Deutschordensbrüder auf Schiffen Vorstöße ins Landesinnere und sicherten ihren Nachschub über den Seeweg[408]. So wurden auch die Haffgaue Pogesanien, Warmien und Natangen, unter dem Einsatz von Schiffen, 1237–1241, erobert[409].

Als der Landmeister Hermann Balk 1230 an der Wichsel ankam, setzte er sich am linken Weichselufer fest und wartete bis 1231, als weitere Kreuzfahrer eintrafen, um dann den Strom zu überqueren und ein befestigtes Lager zu errichten[410]. Dieser provisorische Stützpunkt erhielt den Namen Thorn und erinnert dem Namen nach an die Ordensburg Toron in Palästina. Von dort aus begann er größere Operationen, erst flussabwärts, dann entlang der Küste und wieder flussaufwärts, wo er vereinzelt Stützpunkte errichtete[411]. Diese Vorgehensweise, der Sicherung entlang der Wasserwege, wird an der linearen Folge von Befestigungsanlagen, in der ersten Burgengeneration bis 1260, sichtbar[412]. Nach Thorn folgte ein Jahr später die Burg Kulm und ein weiteres Jahr darauf Marienwerder und Elbing[413]. Schon im Jahre 1237 hatten sie die Küste des Meeres erreicht und nach der Eroberung des Samlandes 1255, war die Besetzung des Küstengebietes abgeschlossen.[414] Parallel dazu hatte auch die Eroberung des Landesinneren begonnen. Für die gewaltsame Missionierung der Prussen, erhielt der Orden Unterstützung von Kreuzfahrern aus Polen und Deutschland, die durch geistliche Privilegien gewonnen worden waren. Im Rahmen dieser Ostkolonisation bildete, neben dieser militärischen Präsenz, die Ansiedlung christlicher Bevölkerung einen wesentlichen Grundpfeiler für die dauerhafte Sicherung des künftigen Ordensstaates[415].

408 Ebd. S. 158f, 162 f.

409 Vgl. Borchert, Friedrich, Burgenland Preussen. Die Wehrbauten des Deutschen Ordens und ihre Geschichte, München 1987, S. 1–12.

410 Dusburg, Chronica S. 162.

411 Vgl. Tumler, Ursprung S. 5.

412 Vgl. Benninghoven, Friedrich, Die Burgen als Grundpfeiler des spätmittelalterlichen Wehrwesens im preußisch-livländischen Deutschordensstaat, in: Patze, Hans, Die Burgen im deutschen Sprachraum, ihre rechts-und verfassungsgeschichtliche Bedeutung, Bd. 1, Sigmaringen 1976, S. 569.

413 Vgl. Benninghoven, Kreuz und Adler S. 51.

414 Vgl. Boockmann, Zwölf Kapitel S. 93.

415 Vgl. Sarnowsky, Deutsche Orden S. 37.

4.4 Die Etablierung und Grundsteinlegung für einen eigenen Ordensstaat

Nach der Gründung Thorns wie auch nach Kulm, berief Hermann von Balk umgehend Kaufleute und Gewerbetreibende aus Altdeutschland in die neugeründeten Städte. Dort war das Städtewesen bereits zum Träger einer im Osten bis dahin unbekannten höheren Form wirtschaftlichen Lebens geworden. Auch Fürsten mittelpolnischer Gebiete gründeten Städte mit deutschen Bürgern, die unter „*Deutschem Recht*"[416] Selbstverwaltung genossen[417].

Nachdem die beiden Siedlungen Thorn und Kulm innerhalb weniger Jahren an günstigere Plätze verlegt worden waren, die ihnen mehr Schutz vor Überschwemmungen und bessere Entwicklungsmöglichkeiten boten, schuf der Orden die grundlegenden Voraussetzungen für ein rasches Aufblühen der Städte, indem er die erworbenen Rechte nahezu umgehend, an die aus dem Westen gewonnen Siedler weitergab[418]. In Kulm vollzog der Orden erstmals eine landesherrliche Handlung, indem er der Stadt am 28. Dezember des Jahres 1233, die sogenannte „*Kulmer Handfeste*"[419] verlieh. Die Bedeutung ihres rechtlichen Inhalts hat sie schon im Mittelalter zur bekanntesten des deutschen Ostens gemacht und ist als einflussreichste Rechtsquelle zu betrachten, die das Deutschordensland je hervorgebracht hat. Obwohl der Name Hermann von Salzas gleich am Beginn der Kulmer Handfeste Erwähnung findet, ist sich die Forschung nicht einig darüber, ob der Hochmeister 1233 selbst anwesend war, oder ob er überhaupt jemals in Preußen gewesen ist. Während Historiker wie Erich Caspar der Nennung Hermann von Salzas an der Spitze der Kulmer Handfeste nur einen formalen Wert beimessen und

416 Zum sogenannten „Jus Teutonicum", dessen Anwendung und ein ausführlicher Vergleich mit dem slawischen, polnischen und pommerellischen Recht, in: Kirsch, Guido, Ein Beitrag zur Geschichte des Begriffes „ius teutonicorum", „Deutsches Recht" im Ordensgebiet, in: Kirsch, Guido, Die Kulmer Handfeste. Text, rechtshistorische und textkritische Untersuchungen nebst Studien zur Kulmer Handfeste, Sigmaringen 1978, S. 233.

417 Vgl. Holst, Deutsche Ritterorden S. 83

418 Vgl. Sarnowsky, Deutsche Orden S. 38.

419 Die ältere Kulmer Handfeste aus dem Jahre 1233 findet sich in: Preussisches Urkundenbuch 1 S. 77–81 Nr. 105, ebenso die Erneuerung der Kulmer Handfeste aus dem Jahre 1251 S. 183–194 Nr. 252.

davon ausgehen, dass dieser Preußen nie mit eigenen Augen gesehen hat[420], vertritt Willy Chon wiederum die Ansicht, dass Hermann von Salza im Jahre 1233/34 einige Monate in Preußen verweilt hat und versucht hierfür einen Nachweis zu erbringen[421]. Die Kulmer Handfeste bildete die rechtliche Grundlage, auf der sich das wirtschaftliche und kulturelle Leben, nicht nur in Thorn und Kulm, sondern später überhaupt in den Städten und auf dem Land Preußens entwickeln konnte. Dieses Dokument vermittelt das Verständnis des Ordens davon, in welcher Weise er seine Herrschaft auszuüben gedachte und regelte das Verhältnis des Ordens zu den Bewohnern des Landes. Den beiden Städten wird leicht modifiziertes Magdeburgisches Recht verliehen und damit die Nutzungsrechte, die Richterwahl, Dienstpflichten, Zölle und Münzwesen geregelt. Weiterhin wird damit Kulm zur Hauptstadt und zum Oberhof des Landes erklärt[422]. Der Deutsche Orden ist nicht nur Landesherr, sondern von Anfang an auch alleiniger Grundeigentümer und Grundherr in seinem Gebiete gewesen. Die Kulmer Handfeste trifft daher auch die Regelung für die aus Grundeigentum und Grundherrlichkeit sich ergebenden Rechtsverhältnisse[423].

Anfänglich nur auf die Städte Thorn und Kulm beschränkt, erweiterte sich der Geltungsbereich der Kulmer Handfeste und erlangte auch auf dem Land rechtliche Bedeutung sowie in den eroberten Gebieten des Ordens. Die Kulmer Handfeste ist so die Grundlage und Quelle für das Recht des Deutschordenslandes überhaupt geworden. Wilhelm Brüneck[424] beschäftigte sich besonders eingehend mit dem Aufbau der Kulmer Handfeste und unterteilt die 24 Kapitel in drei Abschnitte. Im Ersten, Artikel 1–8, geht es um die Städte Thorn und Kulm als Körperschaften, ihrer Rechts- und Gerichtsverfassung sowie um die den Bürgern zugeteilten Güter. Der zweite Teil, Artikel 9–21, klärt die Rechtsverhältnisse er Bürger, die vom Orden mit dem flämischen Erbrecht und Regalrecht ausgestattet wurden sowie dem Fi-

420 Caspar, Erich, Hermann von Salza und die Gründung des Deutschordensstaats in Preußen, Tübingen 1924, S. 3 und S. 62f. Anmerkung 12.

421 Chon, Willy, Hermann von Salza. Abhandlungen der schlesischen Gesellschaft für vaterländische Kultur, geisteswissenschaftliche Reihe, 4. Heft, Breslau 1930, S. 205 f. und 208.

422 Vgl. Päsler, Ralf, Deutschsprachige Sachliteratur im Preußenland bis 1500. Untersuchungen zu ihrer Überlieferung, Köln 2003, S. 222.

423 Kirsch, Guido, Die Kulmer Handfeste. Text, rechtshistorische und textkritische Untersuchungen nebst Studien zur Kulmer Handfeste, Sigmaringen 1978, S. 12.

424 Brühnneck, Wilhelm von, Zur Geschichte des altpreußischen Jagd- und Fischereirechts, Sav. ZRG. 39, 1918.

schereirecht. Die allgemeinen Verordnungen, welche das Kulmer Land und seine Bewohner im Allgemeinen betreffen, ohne Unterschied, ob sie Bürger dieser beiden Städte oder vom Lande sind[425].

425 Ebd. S. 88 f.

5 Zusammenfassung

Nach dieser vorliegenden Untersuchung zur Frühgeschichte des Deutschen Ordens kommen wir zu folgendem Ergebnis: Unabhängig davon, in welcher Beziehung das alte Deutsche Spital in Jerusalem zu dem des Feldspitals stand, welches während der Belagerung von Akkon in den Jahren 1189/90 entstand, steht fest, dass Beide ursprünglich aus der Notwendigkeit heraus gegründet wurden, karikative Aufgaben für den wachsenden Zustrom von Pilgern und Kreuzfahrern zu übernehmen. Der nationale Charakter der Gemeinschaft war für die Entwicklung des Ordens im Anfangsstadium hinderlich, wandelte sich aber mit der Bindung ans Reich zu einem nicht zu unterschätzenden Vorteil.

In Bezug auf das Ziel dieser Arbeit, nämlich den Wandel der Aufgaben und der Ausbreitung des Deutschen Ordens zu untersuchen, spielt die Frage nach dem Verhältnis zwischen dem alten Spital von Jerusalem und dem Feldspital vor Akkon, der Kontinuität oder Neugründung, eine untergeordnete Rolle. Es wurde nachgewiesen, dass spätestens seit 1243 ein Spital in Jerusalem existierte, welches von Deutschen betrieben wurde. Obwohl es unmöglich ist genauere Angaben über Aufbau und Struktur dieser Gemeinschaft zu machen, ist festgestellt worden, dass obwohl sich die Unterstellung unter die Johanniter negativ auf die eigenständige Entwicklung ausgewirkt hatte, der Orden weiter durch weltliche und geistliche Zuwendungen gewachsen ist. Die Hauptaufgabe des Spitals in Jerusalem war die Betreuung von Pilgern, besonders der Deutschen, sowie die Armen- und Krankenpflege im Allgemeinen. Eine Militarisierung des Spitals bis 1187, als Jerusalem durch Saladin erobert wurde, konnte nicht nachgewiesen werden, denn zum einen ist nichts über die Mitglieder bekannt, also ob es tatsächlich Ritter in der Gemeinschaft gab und zum anderen wurden keine kämpfenden Brüder des Spitals erwähnt, als man die Kampffähigen gegen Saladin aufbot.

Wie wir schon bewiesen haben, befasste sich auch das während der Belagerung vor Akkon, gegründete Feldspital ebenfalls ursprünglich nur mit der Betreuung bzw. Pflege der Kranken und Verletzten. Die Kernaussagen, welche die „Narratio" über die Entstehung dieses Spitals trifft, sind im wesentlichen richtig. Die Beteiligung der Bremer und Lübecker Bürger an der Gründung des Feldspitals ist glaubhaft. Aus diesem Grunde ist der Deutsche Orden in seiner Tradition eng mit den Bürgern dieser Städte verbunden geblieben.

Mit der Erhebung zum Ritterorden 1198 und der schnell wachsenden Unterstützung durch wichtige weltliche und geistliche Herrschaftsträger, die eine besondere Mittelmeerpolitik betrieben, breitete sich der Deutsche Orden schnell aus. Parallel dazu wuchs die Zahl der Mitglieder und die Zahl der Aufgaben. Es bildete sich eine feste Struktur heraus, die das Leben in der Gemeinschaft regelte und die Aufgaben verteilte. Spätestens seit 1208 existierten Hausämter, wie Meister, Großkomtur, Marshall und Spittler. Die ständige Bedrohung des Heiligen Landes durch die Muslime, führte zur Militarisierung des Deutschen Ordens, der sich seit Ende des 12. Jahrhunderts nachweislich an Kämpfen gegen die Ungläubigen beteiligte. Ähnlich wie bei den Johannitern hatte sich ein schneller Wandel von einem einfachen Spital zum kämpfenden Ritterorden vollzogen. Dem Gründungsauftrag folgend, stand der Spitaldienst zwar immer noch an erster Stelle, wurde aber durch die starke Militarisierung verdrängt. In den Vegilien der Statuten steht die Krankenfürsorge dennoch an erster Stelle.

Der Wandel des Auftrages wird auch in der Besitzentwicklung des Ordens deutlich. Ein besonders sichtbares Zeugnis für die zunehmende Militarisierung ist die Burg Montfort und der Erwerb anderer Wehrtechnischer Anlagen und Gebäude.

Die Suche nach neuen Tätigkeitsfeldern ergab sich aus dem Ziel ein geschlossenes Territorium zu erwerben und einen eigenen Ordensstaat zu gründen, auch weil die Konkurrenz zu anderen großen Ritterorden wie den Johannitern oder Templern das Wachstum beschränkten. Die Aufnahme des aktiven Kampfes gegen die Heiden war die Grundvoraussetzung für den Sprung aus dem Heiligen Land ins Burzenland und anschliessend nach Preußen, denn hiermit war die Möglichkeit geschaffen worden mit Waffengewalt Besitz und Land zu erhalten, ohne auf Schenkungen oder Zuwendungen angewiesen zu sein. Gleichzeitig waren diese Aktivitäten durch christliche Herrschaftsträger, wie Kaiser Friedrich II. und die Kurie, abgesegnet. Die Statuten stellten zudem die Rechtsgrundlage für das Handeln des Deutschen Ordens dar und bildeten durch die Nennung des Auftrages und des Ziels, hierfür die moralische Legitimation.

Mit der Kulmer Handfeste war die Frühphase des Deutschen Ordens beendet und die Grundlagen für die weitere Entwicklung des Deutschordensstaates gelegt.

In Bezug auf die Organisation und die Struktur des Deutschen Ordens während seiner Gründung sowie die Frage nach dem Zusammenhang zwischen neuem und altem Spital, lassen die wenigen Urkunden und Zeugnisse noch viel Spielraum für Interpretationen. Unklar ist bis heute auch die Echtheit der Urkunden, welche die Privilegien und Besitzrechte des Deutschen Ordens in Preußen legitimieren. Diese Tatsache wird besonders in der polnischen Literatur angezweifelt und wirft für die Zukunft noch viele Fragen auf.

6 Literaturverzeichnis

Primäre Quellen

Chronica regia Coloniensis, ed. Georg Waitz (MGH SSrG. 18), Hannover 1880.

Debita seu statuta Theutoniciorum, in: Raymundi Duellii, Miscellanea II, Augsburg 1724.

Delaville Le Roulx, Cartulaire de l'Ordre des Hospitaliers de S. Jean de Jerusalem, Bd. 1 und 2, Paris 1894–1903.

Das Ordensbuch. Die Regeln und Statuten des Ordens der Brüder und Schwestern vom deutschen Haus Sankt Mariens in Jerusalem, Wien 2001.

Das Ordensbuch der Brüder vom Deutschen Hause St. Marien zu Jerusalem. nach einer Pergamenturkunde des 13. Jahrhunderts. ed. Ottmar F. H. Schönhuth, Heilbronn 1847.

Die Statuten des Deutschen Ordens. nach dem Originalexemplar, ed. Dr. Ernst Henning, Königsberg 1806.

Das Urkundenbuch zur Geschichte Siebenbürgens, ed. Friedrich Firnhaber, Georg Teutsch, Wien 1857, Bd. 1.

Gesta dei per Francos, Orientalis Historiae Tomus Primus, Aubrius 1611.

Hiestand, R., Papsturkunden für Templer und Johanniter, Bd. 1 und 2, Göttingen 1972–83.

Historia de expeditione Friderici imperatoris, ed. A. Chroust, MG. Scr. rer. Germ. N.S. 5, 1928.

Jacob von Vitry, Historia orientalis seu Hierosolymitana, in: J. Bongars, Gesta dei per Francos sive orientalium expeditionum et regni Francorum Hierosolymitani historia. 2 Teile in 1 Bd. Hanau 1611.

Johann von Würzburg, Descriptio Terrae Sanctae, in: Titus. Tobler, Descriptiones Terrae Sanctae ex seaculo VIII, IX, XII et XV, Leipzig 1847.

Johann von Würzburg, Peregrinationes Tres, hg. R.B.C. Huygens, Turnhout 1994.

Johannes von Ypern, Chronica monasterii Sancti Bertini, MGSS Bd. 25, 736–866.

Narratio Itineris Navalis in Terram Sanctam, in: Quellen zur Geschichte des Kreuzzuges Kaiser Friedrichs I., ed. Chroust (MGH SSrG 5), Berlin 1928.

Narratio de primordiis ordninis Theutonici, in: Scriptores rerum Prussicarum (SRP) III, Leipzig 1866 (Nachdruck Frankfurt/M. 1965).

Perlbach, Max, Die Statuten des Deutschen Ordens, Halle 1890, (Nachdruck Tübingen 1974).

Petri De Dusburg, Chronica Terre Prussie, ed. Scholz Klaus, Darmstadt 1984.

Preussisches Urkundenbuch 1, hg. R. Phillipi/ K.R. Wölky, Königsberg 1882.

Radulf von Dieceto, Ymagines historiarum, ed. W. Stubbs. Bd. II, (Rolls Series 84, 1), London 1876.

Regesta historico-diplomatica Ordinis S. Mariae Theutonicorum 1198–1525, ed. Walther Hubatsch, Göttingen 1973.

Regesta Regni Hierosolymitani 1097–1291, ed. Reinhold Röhricht, Bd.2 Additamentum, Innsbruck 1893–1904, (Nachdruck New York 1960).

Roger von Hoveden, Chronica, ed. W. Stubbs. Bd. 1–3 (Rolls Series 51, 1–3),London 1868–1888.

Statutenbuch der Tempelherren, ed. Friedrich Münter, Berlin 1794.

Sparenbergische Chronik, Auszug in: Ehmck, D. R., Die Fahrt der Bremer und Lübecker nach Accon und die Stiftung des Deutschen Ordens, in: Bremisches Jahrbuch 2, 1866, S. 162 ff.

Strehlke, Ernestus, Tabulae ordinis Theutonici. Ex tabularii regii Berolinensis codice potissimum ed. Ernestus Strehlke, Berlin 1869, VI.

Strehlke, Ernestus (Hrsg.), Scriptore Rerum Prussicarum. Die Geschichtsquellen der Preußischen Vorzeit bis zum Untergange der Ordensherrschaft, Bd. 1, Leipzig 1861.

Strehlke, Ernestus (Hrsg.), Scriptore Rerum Prussicarum. Die Geschichtsquellen der Preußischen Vorzeit bis zum Untergange der Ordensherrschaft, Bd. 3, Leipzig, 1866, (Nachdruck Frankfurt 1965).

Tobler, Titus, Descriptiones Terrae Sanctae ex seaculo VIII, IX, XII et XV, Leipzig 1847.

Töppen, Narratio de primoriis ordinis Theutonici, in. Strehlke, Ernestus, Scriptore Rerum Prussicarum. Die Geschichtsquellen der Preußischen Vorzeit bis zum Untergange der Ordensherrschaft, Bd 1, Leipzig 1861.

Urkundenbuch der Stadt Halle, hg. Arthur Bierbach, Magdeburg 1930.

Urkunden zur Geschichte der Deutschen in Siebenbürgen, ed. F. Zimmermann, Hermannstadt 1892, Bd. I: 1191–1342.

Vetera Monumenta Historica Hungariam sacram illustrantia, ed. A. Theiner, Rom 1859, Bd. 1.

Darstellungen

Arnold, Udo, Entstehung und Frühzeit des Deutschen Ordens, in: Fleckenstein, Joseph und Hellmann, Manfred, Die Geistlichen Ritterorden Europas. Vorträge und Forschungen, Sigmaringen 1980, Band XXVI.

Arnold, Udo, Probleme um Friedrich II.: Der Deutsche Orden und die Goldbulle von Rimini 1226, in: Preußenland 14, 1976.

Benninghoven, Friedrich, Unter Kreuz und Adler. Der Deutsche Orden im Mittelalter. Ausstellungskatalog, Berlin 1990, Benninghoven, Kreuz und Adler.

Benninghoven, Friedrich, Die Burgen als Grundpfeiler des spätmittelalterlichen

Wehrwesens im preußisch-livländischen Deutschordensstaat, in: Patze, Hans, Die Burgen im deutschen Sprachraum, ihre rechts- und verfassungsgeschichtliche Bedeutung, Bd. 1, Sigmaringen 1976.

Bethlen, A., Geschichtliche Darstellung des Deutschen Ordens in Siebenbürgen, Wien 1831, Bd. 1.

Boockmann, Hartmut, Der deutsche Orden. Zwölf Kapitel aus seiner Geschichte. München 1994.

Boockmann, Hartmut, Der Deutsche Orden in der deutschen Geschichte. kulturelle Arbeitshefte 27, Bonn 1998.

Borchert, Friedrich, Burgenland Preussen. Die Wehrbauten des Deutschen Ordens und ihre Geschichte, München 1987.

Braßat, Herbert, Die Teilnahme der Friesen an den Kreuzzügen ultra mare vornehmlich im 12. Jahrhundert. Beiträge zur Geschichte der deutschen Seefahrt im 12. Jhd., Dissertation, Berlin 1970.

Brühnneck, Wilhelm von, Zur Geschichte des altpreußischen Jagd- und Fischereirechts, Sav. ZRG. 39, 1918.

Brüsch, Tania, Kaiser Friedrich II. Leben und Persönlichkeit in Quellen des Mittelalters, Düsseldorf 2006.

Burgtorf, Jochen, Die Ritterorden als Instanz zur Friedenssicherung?, in Jaspert, Nikolas (Hg.), Jerusalem im Hoch- und Spätmittelalter. Konflikte und Konfliktbewältigung, Frankfurt 2001.

Caspar, Erich, Hermann von Salza und die Gründung des Deutschordensstaats in Preußen, Tübingen 1924.

Christiansen, E., The Northern Crusaders. The Baltic and the Catholic Frontier, 1100–1525, London 1980.

Chon, Willy, Hermann von Salza, Aalen 1978.

Chon, Willy, Hermann von Salza. Abhandlungen der schlesischen Gesellschaft für vaterländische Kultur, geisteswissenschaftliche Reihe, 4. Heft, Breslau 1930.

Deecke, Ernst, Lübische Geschichten und Sagen, Lübeck 1852.

De Geer, Jan Jacob, Archieven der Ridderlijke duitsche Orde, Balie van Utrecht, Utrecht 1871 Bd. I S. XXIII.

Demel, Bernhard, Das Priesterseminar des Deutschen Ordens zu Mergentheim, Bonn 1972.

Demurger, Alain, Die Ritter des Herrn, Die Geschichte der geistlichen Ritterorden, München 2003.

De Wind, M. S., Bibliotheek der Nederlandsche Geschiedschrijvers. van de vroegste Tijden af tot den Jahre 1815, Middelburg (NL) 1831.

Dollinger, Philippe, Die Hanse, Stuttgart 1998.

Dudík, Beda, Des hohen Deutschen Ritterordens Münzsammlung in Wien, Wien 1858 (Nachdruck Bonn 1966).

Elben, C. G., Einleitung in die Geschichte des dt. Ordens 1. Theil, Nürnberg 1784, in: Rühs, Friedrich, Handbuch der Geschichte des Mittelalters, Wien 1817.

Ehmck, D. R., Die Fahrt der Bremer und Lübecker nach Accon und die Stiftung des Deutschen Ordens, in: Bremisches Jahrbuch 2, 1866.

Favreau, Marie Luise, Studien zur Frühgeschichte des Deutschen Ordens, Stuttgart 1974, Bd. 21.

Favreau, Marie Luise, Vorstellung und Realität. Die Ritterorden in den Kreuzfahrerstaaten, in: Nowak, Hubert. Vergangenheit und Gegenwart der Ritterorden. Die Rezeption der Idee und Wirklichkeit, Torún 2001.

Fleckenstein, Josef, Die Rechtfertigung der geistlichen Ritterorden, in: Joseph Fleckenstein und Manfred Hellmann, Die Geistlichen Ritterorden Europas. Vorträge und Forschungen, Sigmaringen 1980, Band XXVI.

Fleckenstein, Joseph und Hellmann, Manfred, Die Geistlichen Ritterorden Europas. Vorträge und Forschungen. Sigmaringen 1980, Band XXVI.

Forstreuter, Kurt, Zur Geschichte des Deutschen Ordens. Der Deutsche Orden am Mittelmeer, Bonn 1967.

Göckenjan, H., Grenzwächter und Hilfsvölker im mittelalterlichen Ungarn, Wiesbaden 1972.

Görres, J., Die christliche Mystik, Regensburg 1836.

Górski, Karol, L'ordine teutonico. Alle origini dello stato prussiano, Torino 1971.

Gruber, Erentraud, Deutschordensschwestern im 19. und 20. Jahrhundert, Bonn 1971.

Grumblat, Hans, Über einige Urkunden Friedrichs II. für den Deutschen Orden. Diss., Giessen 1908.

Haaf, ten Rudolf, Deutschordensstaat und Deutschordensbaleien. Untersuchung über Leistung und Sonderung der Deutschordensprovinzen in Dtl. vom 13 bis 16. Jahrhundert, Göttingen 1951.

Hampe, K., Der Zug nach dem Osten, Berlin 1937.

Hartmann, Gerhard, Schnith, Karl (Hrsg.), Die Kaiser. 1200 Jahre europäische Geschichte, Wiesbaden 2006.

Heinisch, J. Klaus, Kaiser Friedrich II.. Sein Leben in zeitgenössischen Berichten, München 1977.

Heimpel, Hermann, Hermann von Salza. Gründer eines Staates, in: Der Mensch in seiner Gegenwart, Göttingen 1954.

Hoffmann, Gabriele, Die Kogge. Sternstunden der deutschen Schiffsarchäologie, Hamburg 2003, S. 268.

Holst von, Niels, Der Deutsche Ritterorden und seine Bauten. Von Jerusalem bis Sevilla von Thorn bis Narwa, Wiesbaden 1997.

Hubatsch, Walther, Montfort und die Bildung des Deutschordensstaates im Heiligen Lande, Göttingen 1966.

Kirsch, Guido, Ein Beitrag zur Geschichte des Begriffes „ius teutonicorum", „Deutsches Recht" im Ordensgebiet, in: Kirsch, Guido, Die Kulmer Handfeste. Text, rechtshistorische und textkritische Untersuchungen nebst Studien zur Kulmer Handfeste, Sigmaringen 1978.

Kirsch, Guido, Die Kulmer Handfeste. Text, rechtshistorische und textkritische Untersuchungen nebst Studien zur Kulmer Handfeste, Sigmaringen 1978.

Kluger, Helmuth, Hochmeister Hermann von Salza nd Kaiser Friedrich II. Ein

Beitrag zur Frühgeschichte des Deutschen Ordens, Marbug 1987.

Koch, Adolf, Hermann von Salza. Meister des Deutschen Ordens, Leipzig 1885.

Kuhn, W., Ritterorden als Grenzhüter des Abendlandes, in: Kuhn W., Vergleichende Untersuchungen zur mittelalterlichen Ostsiedlung, Köln 1973.

Labuda, Gerard, Urkunden des Deutschen Ordens im Kulmerland und in Preussen, in: Joseph Fleckenstein und Manfred Hellmann, Die Geistlichen Ritterorden Europas. Vorträge und Forschungen, Sigmaringen 1980, Band XXVI.

Lohmeyer, K., Kaiser Friedrichs II. goldene Bulle über Preussen und Kulmerland vom März 1226, in: MIÖG Erg. Bd. 2.

Maschke,Erich, Die Schäffer und Lieger des Deutschen Ordens in Preußen, in: Arnold Udo (Hg.), Domus Hospitalism Theutonicorum. Europäische Verbindungslinien der Deutschordensgeschichte, Bonn 1970.

Maschke, Erich, Altpreußische Biographie, Marburg 1963, Bd. II.

Maschke, Erich, Der Deutsche Orden, Leipzig 1940.

Mayer, Hans Eberhard, Marseilles Levantehandel und ein akkonesisches Fälscheratelier des 13. Jahrhunderts, Tübingen 1971.

Mayer, Hans Eberhard, Gescchichte der Kreuzzüge, Berlin 1985.

Newton, Robert, The perfection in the Christian theology, London 1934.

Niermeyer, Mediae Latinitatis Lexicon minus, Leiden (NL) 2002.

Nowak, Hubert, Vergangenheit und Gegenwart der Ritterorden. Die Rezeption der Idee und Wirklichkeit, Torún 2001.

Nowak, Zenon, Milites de Prussia. Der Orden von Dobrin und seine Stellung in der preußischen Mission, in: Fleckenstein, Joseph und Hellmann, Manfred, Die Geistlichen Ritterorden Europas, Sigmaringen 1980, Band XXVI.

Niermeyer, Mediae Latinitatis Lexicon minus s. v. *honestus,* Leiden (NL) 2002, S. 647.

Päsler, Ralf, Deutschsprachige Sachliteratur im Preußenland bis 1500. Untersuchungen zu ihrer Überlieferung, Köln 2003.

Paul, Johansen, Die Kaufmannskirche, in Visby-symposiet för historiska vetenskaper, Visby 1963.

Perlbach, Max., Die Reste des Deutschordensarchives in Venedig, Altpreuß. Monatsschrift 19/1882, 647 Nr. 1,

Perlbach, Max, Die ältesten preussischen Urkunden, Altpreussische Monatsschrift (= AM), 10/1875, S. 78–87.

Pichon, F. A., Denkmäler der deutschen Sprache. von der frühen Neuzeit bis jetzt. Eine vollständige Beispielsammlung zur Geschichte der deutschen Literatur, Berlin 1840.

Prutz ,Hans, Die Geistlichen Ritterorden. Ihre Stellung zur kirchlichen, politischen, gesellschaftlichen und wirtschaftlichen Entwicklung des Mittelalters, Berlin 1908.

Prutz, Hans, Die Besitzungen des Deutschen Ordens im Heiligen Lande, Leipzig 1877.

Riant, Expéditions et pélerinage des Scandinaves en Terre Sainte au temps des croisades, Paris 1865.

Riley-Smith, Jonthan, The Knights of St. John in Jerusalem und Cyprus c. 1050–1310, London 1967.

Riley-Smith, Jonathan, Peace Never Established. The Case of the Kingdom of Jerusalem, Transactions of the Royal Historical Society, 5th series, London 1978.

Röhricht, Reinhold, Geschichte des Königreichs Jerusalem 1100–1291, Amsterdam 1966.

Reinhold, Röhricht, Geschichte der Kreuzzüge, Berlin, 1878.

Röhricht, Reinhold, Die Deutschen im Heiligen Lande, Innsbruck 1894.

Runciman, Steven, Geschichte der Kreuzzüge, München 2006.

Samsonowicz, Henryk, Der Deutsche Orden und die Hanse, in: Joseph Fleckenstein und Manfred Hellmann, Die Geistlichen Ritterorden Europas. Vorträge und Forschungen, Sigmaringen 1980, Band XXVI.

Sarnowsky, Jürgen, Der Deutsche Orden, München 2007.

Sonthofen, Wolfgang, Der Deutsche Orden. 800 Jahre Geschichte, Augsburg 1995.

Sterns, Indrikis, The Statutes of the Teutonic Knights. A Study of Religious Chivalry, Diss. University of Pennsylvania 1969.

Tobler, Titus, Descriptiones Terrae Sanctae ex seaculo VIII, IX, XII et XV, Leipzig 1847.

Tobler, Titus, Zwei Bücher Topographie von Jerusalem und seinen Umgebungen, Berlin 1853, Bd. 1.

Töppen, M., Des Deutschen Ordens Anfänge, Neue Preußische Provinzialblätter 7, 1849.

Tumler, Marian, Der Deutsche Orden. Von seinem Ursprung bis zur Gegenwart, Bonn-Godesberg 1974.

Tumler, Marian, Der Deutsche Orden im Werden, Wachsen und Wirken bis 1400 mit einem Abriss der Geschichte des Ordens bis zur neuesten Zeit, Wien 1955.

Wal, Wilhelm Eugen Joseph, Baron von, Histoire de l'Ordre teutonique 1, Paris 1784, S. 1ff.

Weise, E., Interpretation der Goldenen Bulle von Rimini nach dem kanonischen Recht, in: Acht Jahrhunderte Deutscher Orden, hg. K. Wieser, Bad Godesberg 1967.

Wojtecki, D., Studien zur Personengeschichte des Deutschen Ordens im 13. Jahrhundert, Wiesbaden 1971.

Ziegler, Uwe, Geschichte des Deutschen Ordens, Köln 2005.

Zimmerling Dieter, Der Deutsche Orden, Düsseldorf 1988.

Zimmermann, Harald, Der Deutsche Ritterorden in Siebenbürgen, in: Fleckenstein, Joseph und Hellmann,

Manfred, Die Geistlichen Ritterorden Europas. Vorträge und Forschungen. Sigmaringen 1980, Band XXVI.

Zimmermann, Harald, Der Deutsche Orden im Burzenland. Eine diplomatische Untersuchung, Köln 2000.

Zimmermann, Harald, Die Ungarnpolitik der Kurie und Kardinal Konrad von Urach, in: Zeitschrift für Würtembergische Landesgeschichte 41, 1982.

Zinsmaier, P, Die Reichskanzlei unter Friedrich II., in: Probleme um Friedrich II., hg. J. Fleckenstein, Forträge und Forschungen 16, Sigmaringen 1974.